引领孩子度青春

『青苹果』少男少女课堂

陈一筠　李黎红　主编

中国妇女出版社

图书在版编目（CIP）数据

引领孩子度青春 ：“青苹果”少男少女课堂 / 陈一筠，李黎红主编. -- 北京 ：中国妇女出版社，2024.5
（“青苹果”家庭读书系列）
ISBN 978-7-5127-2378-8

Ⅰ.①引… Ⅱ.①陈… ②李… Ⅲ.①青春期－健康教育－案例 Ⅳ.①G479

中国国家版本馆CIP数据核字（2024）第068847号

责任编辑：陈经慧
封面设计：末末美书
责任印制：李志国

出版发行：中国妇女出版社
地　　址：北京市东城区史家胡同甲24号　　邮政编码：100010
电　　话：（010）65133160（发行部）　　65133161（邮购）
邮　　箱：zgfncbs@womenbooks.cn
法律顾问：北京市道可特律师事务所
经　　销：各地新华书店
印　　刷：小森印刷（北京）有限公司

开　　本：165mm×235mm　1/16
印　　张：9.5
字　　数：100千字
版　　次：2024年5月第1版　　2024年5月第1次印刷
定　　价：49.80元

如有印装错误，请与发行部联系

编者的话

这是“青苹果”团队专家们为中小学生班主任和心理辅导老师编写的“少男少女课堂”备课参考读物，内容涉及青春成长期身体、生理、心理、情感等方面的发育规律，青少年青春期保健要点，少男少女交往的意义，如何体验青春友情和求索爱情，以及预防毒品、艾滋病和防范性侵害等基本知识。书中案例丰富、讲解生动，供学校老师通过主题班会或专门的少男少女课堂给孩子们讲解，很容易让青少年感兴趣并理解接受。

希望这本书能帮助老师与孩子互动，陪伴孩子们从容地穿过花季的云雾，安全地蹚过雨季的泥泞，享受阳光灿烂的春天，健康而自信地迎来硕果累累的人生丰收时节。

此书也可供家长和孩子共同阅读。

本书案例多为“青苹果”团队专家老师咨询过程中的真实案例改编，个别案例文字原始来源无法确认原作者而未做标注。若有原作者发现，请与本书作者联系，以便酌情处理。

编者

2024 年 2 月

CONTENTS

目　录

第3章 科学认识性幻想　消除自责与焦虑

第4章 少男少女多交往　青春友情很宝贵

第5章 守护生命安全健康　严防毒品艾滋病

第1章

迎接人生花季
悦纳青春体貌

大家都知道，人生要经历婴幼儿期、儿童期、青春期、成人期和老年期等阶段。其中，青春期承上启下，十分关键。这个时期由于生理发育、体貌变化、心理与情感的成长，生命翻开了崭新的一页！

性发育——青春期到来的信号

在婴幼儿时期，孩子身体内几乎所有系统（神经系统、消化系统、呼吸系统、血液循环系统等）都在迅速发育，但显而易见的是，生殖系统发育得相对缓慢一些。女孩十岁左右、男孩十一二岁时，性与生殖系统开始加速启航。

指挥生殖系统快速发育的“司令部”是大脑。到了青春期，大脑发出一种特殊指令，让女孩的性腺即卵巢分泌大量雌激素，刺激卵巢中沉睡的卵泡开始成熟，成为卵子。一般是每月成熟一枚卵子，也有人每月会有两枚或多枚卵子成熟。

男孩大脑发出的指令，让他的性腺即睾丸释放大量雄激素，刺激睾丸里的生精细胞发育为精子，一次可使几千万甚至上亿个精子成熟。

这就是青春期到来的生理秘密。女孩有了排卵，男孩有了成熟的精子，这就意味着，女孩男孩各自开始了未来做母亲、做父亲创造生命的生理准备。

由此可见，青春期是性和生殖系统启动其重要功能的一个特殊生长发育期，之后的各种新情况、新需求、新权利、新规则、新问题都与此有关。

青春期的发育大概从十来岁延续到十八九岁。每个人都要经历这个发育成长期，只是起始和结束的年龄各有不同。由于每个人的遗传基因、体质类型、健康状况、营养水平、接触媒体、成长环境等情况和条件有所区别，所以青春期没有“标准年龄”“适当年龄”和“正确年龄”之说。

一般说来，男孩的青春期到来要比女孩晚 1 ~ 2 年，但并不是每个男孩都晚于女孩，有的男孩可能比女孩发育早，这是由诸多因素影响而形成的个体差异所造成的。

青春期性发育的标志——三大“性征”变化

青春期是随着性与生殖系统启动其功能而到来的，它们都是受性激素作用而自然出现的，因此我们把青春期身心出现的各种变化称为“性征”变化。

一、女孩月经初潮

卵子成熟后，会落入卵巢下方的输卵管，并向子宫方向移动。如果中途有一批精子游过来与它相遇，其中一个精子就可能与卵子结合为受精卵，进入子宫成为胚胎，这就是孕育生命的开始。若没有精子来与卵子结合，这个卵子几天后就死亡了。

当卵巢排卵时，子宫就开始储存营养，准备迎接受精卵的到来。如果没有受精卵进入子宫，储存的营养就被女孩自己的身体吸收，余下的废物连同少量萎缩剥落的子宫内膜被排出体外，这就是月经。排卵和月经初潮（第一次月经）被视为女孩青春期到来的重要特征，它标志着女孩的生殖功能开始发育。

二、男孩遗精

当男孩有几千万至上亿的精子一次又一次不断地产生出来，小小的睾丸内储存不下了，它们就会自然溢出体外，这就是“遗精”。多数男孩遗精是在睡梦中发生的，也有人因过度疲劳而在白天发生遗精。个别男孩“尿后滴白”，也是遗精现象。遗精标志着男孩的生殖功能开始发育。

女孩月经初潮和男孩遗精，分别是女孩和男孩生命史上一个重要的里程碑，值得特别庆贺与祝福。

三、女性男性体貌初显

由于女孩和男孩体内释放不同的性激素，他们的身体外貌、体型出现不同的变化。

（一）女孩的体貌变化

受雌激素的作用，女孩乳房隆起，臀部增大，身体的脂肪平均比男孩多 15% 以上。脂肪分布在女孩的胸部、臂部、肩部、臀部等处，使女孩的身体柔软而富有弹性。同时，脂肪滋润肌肤，使其变得较为光滑细腻，使女孩初具女人的体貌特征。在此期间，女孩嗓音也会发生变化。变声期结束后，女孩的声音一般比较清脆悦耳。这样，女孩便有了一个新的名字——少女。亭亭玉立，婀娜多姿，怎不令少女感到欣喜呢？

（二）男孩的体貌变化

青春期男孩受雄激素的作用，喉结渐渐凸出，面部开始长出绒毛，身上的脂肪不如女孩丰富，但是肌肉一般比女孩发达，身材较女孩高大魁梧，初显男性体貌特征。这就是为什么在体力劳动和体育竞技中，男女的项目类别和体能要求有所不同。

男孩在青春期嗓音也会发生变化，变声期过后，男孩声音较为低沉浑厚。此时，男孩就成长为堂堂男子汉了，怎能不豪气满怀呢？

此外，由于青春期内分泌较旺盛，男孩女孩面部都可能出现青春痘。内分泌趋于稳定后，青春痘一般会减轻或自然消失，无须治疗。若有严重刺痒或感染，可去咨询皮肤科医生，不要自行用药或轻信广告宣传的药物，做不当处理。

四、性感情萌动

由于体内性激素的大量释放，青春期少男少女内心会出现某种情感上的萌动：感觉异性具有神秘感，对其充满好奇心，渴望亲近异性但又羞涩躲避；暗恋某某异性、自作多情、单相思等心理不请自来；不时出现性梦、性幻想；对于表现男欢女爱的歌曲、影视作品或媒体信息颇感兴趣，甚至在喜欢的异性面前或观赏涉及性的文艺作品时出现性的欲望、冲动。

处于青春期的少男少女，如果受到内外环境的刺激性影响，如与异性窃窃私语、闻到异性的体味、观察异性体貌、触碰异性身体、想象与异性在一起的情景等，这类刺激传导到大脑的有关神经分支，即可形成性兴奋，并通过神经系统作用于生殖器官，导致性紧张、性压力。

男孩表现为阴囊收缩，阴茎勃起，极度兴奋时还会有射精现象；女孩表现为阴蒂和阴道壁充血膨胀，黏液分泌增多。在产生这些生理变化时，心理方面也会产生激动和愉悦感。我们可将上述现象归为性感情萌动。这是自然的、本能的情感发育过程，不必疑惑和焦虑。

青春期发育正常的健康男孩女孩，都有不同程度的性感情自我体验。这就是人们常说的“情窦初开”！

青春期身体其他方面的发育

青春期是男孩女孩生长发育、身体机能急速变化的高峰时期。这个时期，男孩女孩的体貌特征都会发生非常明显的变化。

一、身高

身高的快速增长是青春发育期孩子身体外形变化最明显的特征。据统计，在青春发育期之前，儿童平均每年长高 3 ～ 5 厘米，在青春发育期，平均每年长高 6 ～ 8 厘米，甚至达到 10 ～ 12 厘米。尤其女孩月经来潮前一年左右，男孩在遗精前一年左右，即青春期前，由于生长激素促使骨骼发育，下肢和脊柱增长，所以身高激增。

青春期身体急速长高通常会经历 2 ～ 3 年，以后便趋于缓慢。等到四肢长骨和脊椎骨完成骨化，身高便停止增长。女孩比男孩发育早，19 ～ 23 岁骨化完成，停止增长；而男孩发育稍晚，完成骨化、停止增长为 23 ～ 25 岁。

每个人的长高速度和最终达到的身高不同，这里既有遗传因素对发育早晚的影响，又与营养、健康、体育锻炼等情况有关。每个人的身高和生长规律并不是绝对的，存在较大的个体差异。因此，不必对身高变化的情况过于在意，顺其自然并加强锻炼就好。

二、体重

体重是身体发育的一个重要标志。青春期孩子的体重迅速增长，主要是由于肌肉的发展、骨骼的增长、内脏器官的增大及脂肪增加等综合发育所致。据不完全统计，青春期少男少女体重年平均增长量可达 4.5 ～ 5.5 千克。

由于男女激素分泌的差异以及一般女孩活动量较男孩小等缘故，女孩的体重增加主要源于骨骼的伸长和脂肪的加厚，而男孩的体重增加源于骨骼的伸长和肌肉的增多。

据统计，肌肉重量约占体重的比例，成年男性在 40% 左右，女性在 30% 左右；专业运动员肌肉占体重的比例可达 50%，甚至更高。脂肪占体重比例，成年男性通常在 15% ～ 18%，女性在 25% ～ 28%，女性体内脂肪会比男性多 10% 左右。经常健身的人脂肪占比更低，肥胖的人脂肪占比更高。

这也是男性显得更壮实、女性显得更柔美的原因。青少年可以通过合理的饮食和适当的锻炼来控制体重及脂肪的积存量，保持良好的体型和健康的体质。

三、体型

骨骼、肌肉和脂肪是影响体型的三要素。雌激素、雄激素的不同作用使三者的发育程度和分布显示出性别差异，从而形成了男性和女性不同的体型特征。

男性一般肩宽，身形高大，骨盆较窄，胸肌较发达，脂肪仅在肩部有少量积累，显出强健、魁梧的阳刚之美。

女性则四肢和髋关节处骨骼发达，脂肪集中分布在乳房、臀部及肩背处，腰细臀厚，骨盆较宽大，皮肤细腻，显出体态丰满、身体柔软和曲线分明的阴柔之美。

四、神经及心肺系统

青春期到来后，少男少女的神经系统快速发育，这促使脑神经的兴奋度增强，大脑的机能提高，使人的感觉、知觉、思维、记忆等功能扩展，感知能力提高，理解、分析和判断等方面的能力也迅速提高。所以，青春期是求知欲旺盛、学习能力增强、思考与领悟水平提升的黄金时期，是青少年奠定未来人生与事业基础的关键时期。

此外，青春期少男少女的心脏、肺部等器官的机能也更加强大，为将来承担人生的使命提供健康的体魄和充沛的体能。

五、保持青春自然美、健康美

爱美之心，人皆有之。青春期的女孩都渴望自己拥有姣好的容貌，男孩则期待拥有高大魁梧的身材。他们常常揽镜自照，遗憾于自己不是眼睛小了，就是嘴巴大了、个子矮了，觉得脸上长痣不漂亮，脸型或身材不理想，等等。

有些孩子到了青春期，总喜欢去和一些明星做比较，不喜欢自己青春时期的自然体型和外貌，为此徒生烦恼，个别人甚至出现严重的心理困扰。

（一）什么是美

著名先哲孟德斯鸠曾经这样解释“美”:“美必须干干净净，清清白白，在形象上如此，在内心更是如此。”

首先，一个人的容貌是天生的，无法选择。你不可能返回娘胎，让母亲重生一个你。

其次，漂亮不漂亮，许多少男少女是以广告里的模特、影视剧中的明星作为参照。要知道，那样的靓男美女在人群中本来就是凤毛麟角，现实生活中的绝大多数男女都是相貌平平、顺乎自然的普通人。而处于绝大多数普通男女群体中的你，就不必为自己的相貌发愁了。

最后，每个人都是特别的，只有千姿百态的个体，才能使这个世界丰富多彩、自然有趣。

生活中除了用来照人面容的玻璃镜子外，还有一面更重要的镜子，它就是“心灵的镜子”。它能照出你的内在美，即人的思想、修养、人品、才学、气质、风度等。

人们常说：“腹有诗书气自华。”一位男士多半不会喜欢一个长得漂亮但十分自私浅薄的女子，而一位女士可能会爱上一个相貌平平但教养良好、人品端正、知识渊博、富有才华的男子。

其实，一个人最留不住的正是漂亮的外表，因为它会随着岁月的流淌而消逝。真正留得住的是自己的品德、修养、智慧、才华等内在之美，它会使你的人生不断焕发出新的光彩并终身受用。

大文豪列夫·托尔斯泰曾经这样说过：“一个人不是因为美丽而可爱，是因为可爱而美丽。”还有句俗话这样说：“人只有一种方法使自己漂亮，但却有一百种方法使自己可爱。”如果首先悦纳自己与生俱来的外貌，又以丰富的知识和努力进取去充实自己的内在美，注重自身修养和气质的培育，那么你就会因为杰出的人格魅力显得可爱而美丽。

对自己人生观、价值观、审美观的建立和培养，对智力、才学、情操等内在美的评估，就构成了“自我认知”。

对自我有客观的认识，而且能建立现实、乐观、积极的态度来接纳自我，才是正常而健全的成长之道。

悦纳自己，绝对不是认命，拒绝改变，而是要学习去接纳自己所不能改变的东西，并改变自己能够改变的东西，以追求美好和高尚的人格形象。

学会接纳和欣赏自己的青春体貌，而不以时尚为标准，这是一个人从幼稚走向成熟的表现。需知道，每个人都是独特的个体，世界上找不到两个完全相同的人。独特就是美，应该努力去发现自己身上的独特之处，并为此而感到欣慰与自豪。

内在美不是天生的，而是通过不断修炼得来的。这就是说，青春期的少男少女，要通过加强自我修炼，提高内在的素质而使自己在风度、气质上美起来。

有的人虽外表漂亮却内心丑陋，有的人虽其貌不扬却心地善良。这种外美内丑、内美外丑的人，在现实生活中都不鲜见。那么，你认为前者和后者究竟谁更美，谁更能被人接纳和赞赏呢？

（二）青少年要懂得怎样鉴赏美

心灵美以及由此而产生的言行美、品格美才是美的最高境界。外表的不足可以通过内在美来弥补，而心灵的卑污却不是外表美可以掩饰的。心灵美是美的核心和灵魂，它难能可贵，具有不可取代的价值。

有位英国女孩叫卢卡斯，她4岁时患上了一种罕见的基因异常病，使其面貌变得“与众不同”。因为有着一张被人形容为“畸形”的脸，卢卡斯受尽了奚落与嘲笑。然而，年纪轻轻的卢卡斯并没有被外在压力击倒，相反，她学会了在逆境中建立个人的自尊与自信，懂得了生命不应在他人不友善的目光中浪费。

16岁那年，卢卡斯考上了大学，学习电影、传媒及摄影等课程，深入探究了传媒是怎样描绘“面容独特”的人的。卢卡斯发现，电影中面孔“畸形”的人往往扮演的是坏人角色。她开始明白人们为什么会对长相与众不同的人不友好，她也更清楚地认识到“面貌畸形不单是医学问题，也是社会心理问题”。

这个发现是卢卡斯人生的转折点。卢卡斯说：“过去我不快乐，并非因为我的脸，而是因为一些人对我面孔做出的反应。我要改变的不是我的面孔，而是人们的态度。我不反对整容，但我自己不会选择那么做。”卢卡斯天生长得不美，但她用实际行动改变了自己的命运，活出了自己不一样的精彩人生。

在知晓了卢卡斯的故事后，你还会因为自己长得“不够完美”而烦恼吗？

再来看一个相反的例子吧。

一对亲姐妹为了变美，双双到美容院做了隆胸和除皱手术。未曾料到，整容之后，姐妹俩的容貌不但没有锦上添花，反而毁于一旦。

整容失败之后，这对姐妹到正规美容医院去咨询，医生说手术非常失败。这对姐妹为追求“人造美”，付出了惨痛的代价！值得吗？

美国著名整形医生麦克斯威尔·马尔茨博士发现，许多到他诊所要求整形的人，其实不仅需要外貌的整形，更需要抚平其心理上的创痕，即对“内在自我”的整形。也就是说，需要整形的人往往缺乏自信。

整形医生还告诫说，整容手术一般只适合发育完全成熟的成年人，青少年整容的风险很大。一方面是因为他们身体各部位尚未发育完善，各个器官还在变化之中；另一方面是因为整容破坏了他们身体自然的生长规律，为今后的健康留下了隐患。

青少年应该明白，美丽源于自信，自信又和优秀的内在品质及人生追求密切相关。这些都是无法通过化妆或整容得到的。对于成长中的少男少女来说，美意味着成长、成熟、健康、自然、自信和充满朝气。这些内涵绝不是一张脸面和一种身材可以彰显出来的。

第2章

注重青春期卫生
维护身心健康

青春期的少男少女正处在性成熟和各个器官及系统不断发育的过程中，经历着身体和心理的各种变化。有些青少年或因不注意青春期卫生而发生健康问题，或因身心变化而产生焦虑不安的情绪反应。这一时期，青少年要特别注意自己的青春期保健和身心调适。

女孩的青春期保健

青春期女孩需要了解青春期保健的基本常识，特别是要注意乳房保健和月经期卫生护理两个方面。

一、乳房保健

乳房的发育标志着女孩开始成熟，隆起的乳房也体现了女性体型所特有的曲线美和健康美，并为日后哺乳准备条件。因此，乳房的保护与健康是女孩青春期保健的重要方面。女孩在乳房发育过程中会遇到一些问题，例如何时穿戴内衣、乳房过小或过大、两侧乳房不匀称、乳房畸形以及有乳房肿块等。这些问题可能会引起女孩的困惑和不安。下面是保健医生的一些建议。

（一）少女不应束胸

青春期发育阶段的女孩千万不要穿紧身内衣，约束胸部。束胸对女孩的发育和健康有很多害处。

1. 束胸使心脏、肺部和大血管受到压迫，从而影响身体内脏器官的正常发育。

2. 束胸会影响呼吸功能。正常情况下，胸式呼吸和腹式呼吸两种方式协调配合进行，才能保证人体正常的气体交换；而束胸影响胸式呼吸，使胸部不能充分扩张，肺组织不能完全舒展，吸入空气量减少，以致影响全身的氧气供应。

3. 束胸压迫乳房，使血液循环不畅，乳房下部血液瘀滞而引起乳房疼痛、肿胀等不适，甚至造成乳头内陷、乳房发育不良，影响身体健康和美观，也容易造成将来哺乳困难。

因此，少女绝不可束胸。如果乳房产生不适感，要及时告诉母亲。如果发现乳房异常，则应去看医生，以便得到必要的保健指导。

（二）穿戴合适的内衣

乳房刚刚发育时，母亲应根据孩子的具体发育情况为其购买内衣。

现在市场上供青春期女孩选择的内衣品种齐全，根据不同年龄段设计的款式也各不相同。尤其是女孩乳房发育定型后，要及时穿戴内衣。

穿戴内衣有以下好处。

1. 显示出女性的体形美。

2. 支托乳房，防止下垂。

3. 预防乳房下部血液瘀滞而引起乳房疾患。

4. 减轻心脏的局部压力，促进心脏血流循环畅通，以利于乳房发育。

5. 避免在体育运动或体力劳动时乳房因过度震动而造成损伤。

6. 保护乳头不受擦伤或撞击。

7. 在秋冬季，内衣还有保暖的作用。

总之，内衣对女孩来说不是一种装饰品，而是必备的保健用品。

女孩要尽量选择棉质的、透气性好、不带钢托和衬垫的内衣。由于女孩体型不同，乳房大小也各不相同，必须选择尺寸合适的内衣，穿戴后要感到舒适而又无紧束感。还要根据身体发育成长中的大小胖瘦变化，随时更换内衣。千万不要片面追求体形美而勉强穿戴不适合的内衣。内衣要勤洗勤换，保持清洁。因为少女乳房还在发育阶段，不要过度约束，晚上睡觉时需要脱下内衣。

作为对乳房的保护，要养成日常穿戴内衣的习惯，无论春夏秋冬，都应持之以恒。

（三）自查乳房包块

青春期女孩真正有乳房包块的情况并不多见，自己感到有乳房包块时不一定是包块。因为乳房主要由乳腺组成，有结节感，要经医生检查才能确定是否有包块。

女孩最好每月自查一次乳房，自查的最佳时间是月经过后。自查乳房时应当全身放松。检查分两部分：一是查看乳房外观有无异常；二是触摸乳房是否有包块，并且适度挤压乳房，看看有无分泌物出现，切记不可用力过猛。经常自查乳房是终身受益的好习惯，可及时发现有无乳腺疾病。

（四）乳房的清洁卫生

青春期的女孩，受到内分泌的影响，每当月经周期前后，可能会出现乳房胀痛、乳头痒痛等现象。千万不要随便挤弄乳房、抠剔乳头，以免造成破溃而发生感染。乳头痒痛时，可用热毛巾轻轻揉擦。

另外，要经常清洗乳头、乳房及内衣，保持清洁卫生。

（五）乳房发育不良

女孩如果怀疑自己的乳房过小或过大，或发现存在双侧乳房发育不均衡、乳房不发育、乳房畸形以及乳房包块等现象，不必惊慌失措。一是可通过健美运动锻炼胸肌，使乳房发育丰满；二是及时请教相关医生，在医生指导下进行适当调治。女孩要到身体发育定型、性与生殖系统完全成熟后才能确定乳房是否发育不良，不要过早担忧。

二、月经期卫生护理

女孩对首次阴道出血难免有些惊恐不安。这是正常的月经初潮，不需要过于紧张。当出现这一情况时，女孩要及时告诉和请教母亲，同时可提前了解一些月经期的卫生护理知识，这样就不会对如何处理月经来潮感到束手无策了。

月经是女性子宫内膜剥脱，经血从阴道排出的过程。在月经期，因子宫内膜脱落而形成了一个创面，阴道内正常的酸性环境可能因经血排出而被冲淡。同时，子宫颈口微微张开、盆腔充血等状况致使生殖器官局部防御机能下降，如不注意卫生，细菌很容易从阴道上行侵入子宫，造成生殖系统疾病。

女孩在月经期及经期前后，大脑兴奋性降低，全身抵抗力有所下降，身体容易疲劳，也容易受凉感冒或出现其他不适反应。所以，女孩在月经期要注意以下几个方面的保健护理。

（一）经期用品的卫生

经期用品的清洁卫生特别重要，要选用质量较好的卫生巾、卫生纸。在选择卫生巾时，应仔细检查包装上的卫生许可证号、防伪标志、保质期等；不要一次买太多卫生巾存起来，以免受潮发霉滋生细菌。在卫生巾使用过程中应注意勤更换，最好两小时左右换一次，以保持干爽、清洁。

（二）保持外阴清洁

无论平时还是月经期间，青春期女孩都要注意外阴清洁。要每天用干净的温水冲洗外阴，经期要避免经血结痂。不必用碱性肥皂或非专用清洁剂，以免外阴及阴道受到不良刺激。清洗外阴时，要用干净的水，阴部不要泡在水中，以免脏水渗进阴道。

要有单独清洗外阴的毛巾和盆，不要同其他毛巾和盆混用。要定期对毛巾和盆进行消毒杀菌。如果条件允许，也可以用淋浴冲洗外阴。大便后用手纸清洁时要由前向后擦拭，这样可避免把肛门周围的细菌带到外阴处。内裤要选用透气性好、吸湿性强的棉织品。

（三）保持乐观和稳定的情绪

在月经期间，女孩往往因身体的某些不适，如乳房胀痛、腰酸、小腹坠胀、头痛等，而导致情绪烦躁、易怒或抑郁。不良情绪反过来又会影响正常的月经周期。自我调节情绪，保持心情舒畅，可以减轻月经期的不适感，还可防止月经失调。

（四）适当控制运动量

女孩在月经期间要注意休息，保持充足的睡眠，以增强机体抵抗力；同时，避免剧烈的体育运动和重体力劳动。女孩若遇到月经期间上体育课，可以向老师说明情况，参加一些轻松的运动。

（五）注意保暖

月经期间身体抵抗力下降，盆腔充血，应注意保暖。要避免淋雨、涉水、游泳，或用冷水洗澡、洗头、洗脚，不要坐卧在潮湿的地上。夏天不要喝凉水、吃冰激凌，以免受寒、着凉，刺激盆腔血管收缩，导致月经量减少或突然停经，甚至引发其他疾病。

（六）注意饮食卫生，加强营养

月经期间可吃些容易消化吸收的食品，如蛋类、瘦肉、豆制品、蔬菜、水果，同时还要多喝开水，增加排尿次数。不吃生冷、辛辣及刺激性食物，保持大便通畅，减少盆腔充血。

（七）做好月经周期的记录

通过记录月经周期，女孩可观察自己的月经是否规律，也便于做好经前准备。如果月经已经形成规律，突然出现了 20 天以上还没有来月经的情况，应当告诉母亲，或去找医师咨询，以便及时发现原因。

三、痛经

部分女孩在月经前或月经期间会感到下腹部阵发性疼痛，难以忍受。有时疼痛还会辐射到会阴部或者腰部，并且常伴有恶心、呕吐、尿频、腹泻或者便秘等不适症状。有的女孩腹痛剧烈时可能会出现面色苍白、手足冰冷甚至昏厥的情况。这种现象在医学上称为“痛经”。

痛经可持续几小时或 1 ～ 2 天，一般在经血畅流后疼痛会随之缓解。痛经严重而不能缓解的女孩，应及早去医院，在医师指导下可用药物缓解，但绝大多数的痛经可以不治而愈。

四、闭经

闭经是指无月经或月经停止6个月以上。根据既往有无月经来潮，分为原发性闭经和继发性闭经。闭经的原因很多，常见的有以下几种。

（一）精神因素

如紧张、焦虑、恐惧、抑郁等不良情绪都可导致闭经。

（二）环境变化

如南方同学到北方上学，北方同学去南方居住，或农村同学到城市上学……这些因环境变化而导致的水土不服也可引发闭经。

（三）寒冷刺激

如月经期间淋雨受凉、游泳、吃生冷食品、喝冰镇饮品等行为可能会导致闭经。

（四）营养不良

有的女孩不适当地减肥，导致身体无法获取充足的营养，甚至因过度节食而出现厌食症，这些都可能导致闭经。

（五）怀孕

女性一旦怀孕，月经就会停止来潮。

（六）其他

身体疾病，或服用某些有特定副作用的药物。

青春期女孩一旦出现闭经，不管是由哪种原因引起的，都应及时到医院妇科去检查，查清原因并寻求正确的解决办法。

五、白带

进入青春期的女孩，受雌激素的影响，阴道黏膜渗出物、宫颈及子宫内膜分泌物增多，阴道中会流出类似蛋清样或白色稀糊状的黏液，称之为“白带”。它使阴道湿润，具酸性，可抑制病菌生长。在月经期前后，因盆腔充血，阴道黏膜渗出物增多，白带亦增多，只要没有其他症状或不适，属正常现象。

有些女孩内裤上出现黄色污迹，并伴有臭味，这可能是青春期代谢旺盛，大阴唇皮肤下的大汗腺分泌汗液所致，也属正常现象。

建议女孩要养成常用温水清洗外阴的习惯，以减少病菌的滋生和入侵。

如果青春期女孩白带量过多，经常弄湿内裤或气味很臭，外阴瘙痒，甚至白带经常带血，那么应该引起重视。有的可能是疾病所致，有的则是运动量过大或疲劳过度造成盆腔充血引起的，也可能是由滴虫或者霉菌感染引起的。不管属于何种原因，都要去医院请医师查明，正确处置。

男孩的青春期保健

男孩应当了解青春期保健的基本常识，主要是注意阴茎和睾丸的保护与健康。

一、阴茎保健

包皮过长和包茎是男性青少年中比较常见的现象。正常成年人阴茎松弛时包皮不遮盖尿道口，包皮上翻时能露出冠状沟。

(一) 包皮过长

包皮过长是指包皮覆盖阴茎头和尿道口，但上翻时仍能露出尿道口和阴茎头。

包皮过长的危害主要是影响包皮和阴茎头之间的清洁，尤其是男孩开始遗精后，残留的精液在包皮和阴茎头之间若不及时清除，容易发生“包皮龟头炎”，进而发生“后天获得性包茎”。

正常情况下，包皮会产生一种带臭味的物质，呈乳白色豆渣状，叫“包皮垢”。包皮垢是细菌繁殖的温床，若不能及时将包皮上翻清洗干净，便会使包皮和阴茎头发炎，出现局部红肿、刺痒或疼痛，这就是包皮龟头炎。

如果炎症反复发作，则可能会产生纤维性粘连，导致包皮不能上翻，形成“后天获得性包茎”。此时，若强行上翻，则可形成“包皮嵌顿”，使阴茎冠状沟血液、淋巴回流受阻，阴茎头肿胀、发亮。如出现这种情况，父母应立即带孩子去医院就诊，否则会造成阴茎头坏死的严重后果。

（二）包茎

包茎是指包皮口狭窄，或包皮内板与阴茎头粘连，包皮不能向后翻开露出阴茎头。

包茎一般是先天性的，但也有因包皮过长而发展形成的。包茎的包皮囊内积存的包皮垢往往无法清洗，久而久之便形成结石。另外，长期慢性的不良刺激，会引起包皮、阴茎头溃疡，与阴茎癌的发生也密切相关。包皮口过小还会引发排尿困难，尿液往往会积聚在包皮内，膨胀成球状物。

因此，青春期男孩要养成每天把包皮翻上去清洗的习惯。如果青少年发生包皮龟头炎，要尽早去医院就诊。

发现包皮过长或包茎的男孩，应当及时由父母带去医院做手术。这种手术是微创性的，一般不需要住院，术后可以立即回家。手术对性功能和将来的性生活不会有任何影响，还能促进阴茎的发育。

二、睾丸的保护与健康

睾丸正常的位置是在阴囊内。男性胎儿睾丸生长时位于腹腔，至胚胎 7 ～ 9 个月时，下降入阴囊。有的男孩出生时睾丸尚未降入阴囊，但绝大多数男婴会在出生后 3 个月内睾丸下降至正常位置。有少数男孩到出生后 1 ～ 2 年睾丸才移入阴囊。

如果阴囊内无睾丸存在，就称为“隐睾症”。隐睾是男孩中一种比较常见的先天性生殖器发育畸形。

如果到了青春期，睾丸还未坠入阴囊，由于腹腔和腹股沟管的温度高于阴囊，睾丸内生精细胞受损，便会造成不育。另外，睾丸未降至正常位置，还有癌变的风险。因此，如果青春期男孩发现自己阴茎两侧或一侧的阴囊内是空的，摸不到睾丸，应立即就医。

维护青春健康美

无论男孩还是女孩，都应该了解青春期的基本保健知识。

一、面部皮肤保健

（一）痘痘的护理

很多处于青春期的孩子脸上会长出一颗颗红色的小疙瘩，俗称“青春痘”，有碍美观，还经常发痒；不小心抓破时，容易发生感染，形成疤痕，令人十分烦恼。

青春痘实际是痤疮的别名。一般认为，青春痘主要是青春期皮脂腺分泌旺盛引起的。被青春痘困扰的少男少女应当注意以下几个方面：

首先，要保持面部皮肤的清洁卫生，选择用温水或合适的洁面产品洗脸。一般每日洁面 1 ～ 3 次。千万不要用手挤压痘痘，以防感染。

其次，应少吃肥肉、油炸食品、甜食和辛辣刺激性食物，多吃蔬菜、水果，清淡饮食，切记不可饮酒和抽烟。

（二）勤洗头，勤洗澡

要经常洗头、洗澡，用抗菌皂可除去油脂，预防痤疮。如果面部实在因为青春痘刺痒严重，应去医院看皮肤科医生，不要随便尝试一些关于祛痘的广告宣传。少男少女还要懂得，保持良好的情绪、充足的睡眠、合理的营养，也是面部皮肤健康美的重要因素。

二、毛发的养护

（一）男孩女孩都要好好养护头发

首先要经常洗头，注意头发卫生；每日梳理头发 2 ～ 3 次，以促进头皮血液循环，并可除去头皮屑，使头发不受细菌侵害。其次是加强营养，从饮食中补充丰富的蛋白质、适当的脂肪和维生素以及微量元素，以促进头发生长并使头发保持光泽而不易脱落。

（二）胡须、腋毛的保健

男孩还要注意胡须的卫生保健。若有必要，须用干净、消过毒的剃须刀修刮胡须，切勿用手指、镊子、夹子等硬拔胡须，以免引起毛囊发炎。

男孩女孩的腋毛、阴毛也要经常清洗，保持卫生。科学用脑、保证充足的睡眠和适当的休息，都是青春期毛发保健的重要方式。

三、预防身体肥胖，保持健美体型

近年来，青少年的肥胖人数逐年增加。肥胖分两类：一类为病理性肥胖，是由各种疾病引起的；另一类为单纯性肥胖，是由于营养失调和运动量过少而引起的。青少年多为单纯性肥胖，绝大多数是饮食习惯不当以及营养过剩所致。还有一部分孩子的肥胖则与遗传因素有关。

（一）肥胖对人体健康不利

青少年期肥胖是成人期发生原发性高血压病、冠心病、糖尿病、高脂血症等疾病的潜在因素，同时也会使人行动不便、体态笨拙。

（二）预防肥胖的首要条件是合理进食

一般原则是早餐吃好、午餐吃饱、晚餐吃少。少男少女一定要定时定量进食，不应偏食。吃饭时细嚼慢咽，不暴饮暴食。要少吃甜食、零食、油腻食品，应以高蛋白、低脂肪、含有维生素及矿物质的食物为主。既要摄取足够的营养以保证身体需要，又要注意适当节制食量。

（三）积极锻炼，保持身体健美

青少年要积极参加体育锻炼，保持适度的活动量，消耗多余热量，以避免体内热量过剩，转变为脂肪积聚起来而形成肥胖。

（四）预防肥胖不是盲目减肥

目前，在青少年中，尤其是在少女群体中，又出现了另一个极端的倾向，即为追求身材苗条而采取不科学的饥饿减肥方法，或不吃早点，或不吃有营养的肉蛋类食物。这都是不可取的。盲目减肥会影响身心的正常发育，可能会引起内分泌紊乱、月经不调等，有的还会造成厌食症或胃萎缩，严重威胁身心健康。所以，盲目减肥之风一定不可长！

心理健康很重要

青春期心理保健同生理、身体保健一样重要。据统计，目前我国大中学生的心理和行为障碍者占学生总数30%以上。进入青春期的少男少女，需要面对生理上的变化，以及心理和情感上的种种挑战。为此，在家庭、学校和社会中建立良好的人际关系与保持健康的心理状态是十分重要的。

一、建立良好的人际关系

（一）爱与理解是相互的

成长中的少男少女，要以坦率真诚的心，构筑人与人之间的友爱之桥。同学们必须懂得，每个人都渴望被人接纳、理解、关怀和爱。但这种关系是相互的，给予别人关怀和爱是获得爱的前提。人与人的沟通是给予和获得友情、亲情的渠道。成功的沟通是以了解自我、理解他人、尊重他人为前提的。关怀他人，多为他人着想，体谅他人的困难，谦虚忍让，是保持友谊的关键。

（二）与家人、老师也要保持良好的人际关系

尊重家人、长辈和老师是青春期人格和品行修炼不可缺少的内容。作为子女和晚辈，或者兄弟姐妹，与家庭成员之间保持良好的沟通，有助于培养积极自信的人格。青少年遇到挫折或压力时，首先要向家人求助。与父母和其他家庭成员保持良好关系，对于青少年的心理健康具有深远意义。

（三）多参加集体活动

青少年还要多参与集体活动，学习与他人相处，这对很多独生子女来说特别重要。在群体交往中，可以学习到如何与朋友相处，特别是如何与异性同学相处。

二、保持健康的心态

心理健康是指一个人心理的各个方面处于良好的状态，比如在生活中能保持愉快的心情、敏锐的智力、积极的进取心，具有适应周围环境的能力，等等。

（一）积极求知，开发智力

青春期是学习的黄金时期，要保持强烈的求知欲。青春期是智力发展的高峰期，也是创造力发展的最佳时期。

青少年思维活跃，最易接受新思想、新事物，有强烈的好奇心和进取心，勇于探索和实践。青少年应当发展广泛的学习兴趣，把学习看成一种需求而不是负担，这样才能自觉地完成学习任务。

片面追求分数、喜欢攀比和炫耀、妒忌他人，都是心理不健康的表现。

（二）培养健全人格

人格表现在对自己、对他人、对社会所持的态度和行为方式上，是比较稳定的心理特征。青少年期是人格培养的关键期，虽然青少年在儿童期已奠定了一定的人格基础，但仍有可塑性。此时的人格培养，既有可能矫正儿童期留下的某些缺憾，又可能塑造“理想类型”的人才。

青少年应该在课余时间多参加文体活动，广交同龄朋友，培养善良、合作、友爱等优良品质，预防人格缺陷。

我们每个人都生活在自然环境和社会环境中。自然环境千变万化，社会关系也错综复杂，要想一生万事如意、一帆风顺是不可能的。当今青少年常会遇到以下几种矛盾。

1. 独立要求和依赖关系的矛盾。

2. 自主要求与老师、父母限制的矛盾。

3. 理想生活与现实环境的矛盾。

4. 消费需求与家庭经济能力的矛盾。

5. 满足个人欲望与遵守社会道德规范的矛盾。

这些矛盾正是对青少年成长与走向成熟的严峻考验。要知道，当客观环境不允许时，必须面对现实，自我克制；在挫折、失败面前也要努力保持积极乐观的态度。

其实，克服困难、解决矛盾的过程，就是锻炼意志力、成长和成熟的过程。当然，学习和掌握知识在成长中是很重要的，但树立正确的世界观、人生观、价值观更为重要。

第 3 章

科学认识性幻想 消除自责与焦虑

青春期会产生性感情的萌动。此时，曾经有过的两小无猜的友情消失了，内心生出对异性同学的某种莫名之情感，甚至会产生对性接触的幻想。这往往会令少男少女们时而欣喜，时而烦恼。

关于性幻想与性冲动

性幻想也被称为“性爱的白日梦”，是指自编的带有性色彩的故事和含有性内容的种种幻想。十五六岁的少男少女的脑海中常常会出现性幻想，多集中在入睡前及睡醒后卧床时或上学路上的闲暇时间。

对青少年来说，性幻想的内容大多与异性有关，有情节和人物，有激情澎湃的“英雄救美”，有浪漫温馨的“一见钟情”，有惊心动魄的“倾城之恋”，有凄婉缠绵的“园中幽会”。总之，林林总总，形形色色，但大多是想象和自己爱慕的人在一起演绎的爱情剧。性幻想的对象可以是同学、熟人、朋友或崇拜的偶像。

青少年的性幻想有时也会给自己带来莫名的烦恼和不安，特别是在传统型父母身边长大的孩子，出现性幻想时往往不知所措，或产生某种厌恶、内疚等心理，甚至误以为自己不正经或变坏了，由此产生沉重的精神负担。这种情况对青少年的情感发育是不利的。

性幻想对青少年还存在一种潜在的危险，那就是有些青少年容易分不清幻想与现实的区别，误以为自己真的爱上了幻想中的某位异性，甚至冒失地闯入“伊甸园”，去偷尝“禁果”，导致自己无法承受的后果。

那么，青少年应该如何对待性幻想呢?

（一）科学地认识性幻想

青少年有着本能的性欲望、性冲动，却不能像夫妻或成年伴侣那样通过性关系以满足性的欲望，因此性幻想就起到了一种替代或补偿作用，使青少年安全无害地释放内心的性能量，平息心理冲突。所以，从某种意义上说，性幻想是一种“自慰”，是一个安全阀。

（二）积极把控

学者们的研究发现，到青春萌动的年龄而依然不做性爱白日梦的，在少男少女中只是少数。但是，如果过分沉溺其中，嗜梦不醒，难以自拔，导致意志消沉、神思恍惚，不仅会影响正常的学习、生活和休息，而且会使青少年逐渐失去今后对性生活的适应能力，从而产生生理和心理上的双重性障碍。

因此，青少年在科学认识性幻想原因和作用的同时，还需要积极进行自我把控。虽然性幻想、性冲动是旁人无法阻止的，但并不意味着可以随心所欲、不加控制。

青少年要明确幻想并非现实，因而要适可而止，防止成癖上瘾；学习必要的性知识，清醒地认识性幻想的本质，不内疚，少烦恼，避免形成自卑心理，影响身心健康。同时，少男少女应当多参加丰富多彩的集体活动，特别是有异性同学参与的活动，坦然、从容地面对异性同学和异性老师，有效疏解本能的性冲动，以减少性幻想。

（三）养成良好的生活习惯，合理安排作息时间

青少年要合理作息，每天按时睡觉，睡前不要玩手机，不浏览色情类信息，以免影响睡眠；还要注意外生殖器的清洁，避免不洁之物刺激生殖器官；内衣裤要宽松，被褥不宜太厚，不要把手放在两腿之间，睡觉不要采取俯卧姿势，以免被褥对外生殖器的压迫和摩擦引起性冲动。

此外，性梦与性幻想均属于个人隐私，既无须自责，也不必向他人袒露。

关于自慰

自慰在青少年男女中是一种比较普遍的行为。

性本能必然使人产生性欲望。自慰是在性欲望不能通过性交去获得满足的情况下，用自己的手或器具进行性刺激以获得性快感的行为。

青少年时期偶尔的自慰，对日后智力发展、学习兴趣、事业成就、社会适应及整体身心健康均无影响。自慰一般是独自在私人空间进行的，属于隐私活动，因此也不会影响他人的情绪和心理。

无论是男孩还是女孩，自慰都不涉及道德问题，偶尔为之也不会对身体健康造成危害（当然，前提是一定要注意手、器具和生殖器的卫生，否则细菌容易侵入阴部，引起感染)。在现实生活中，每个人的情况不同，有人把自慰当作暂时缓解性压力的手段，并没有把它当作一件很严重的事，内心十分坦然，自慰后没有感到不适。对这样的青少年，我们无须说什么，一切顺其自然。但是，有些人性冲动的时候，不顾一切地自慰，可是事后又懊悔自责，这就会带来心理健康问题。

关于自慰，需要理解的有两个方面。

（一）度的把握

如果偶尔在性冲动时难以自制而自慰，不足为虑。但如果形成习惯，把它当作排解压力的唯一方式，成癖上瘾，甚至不思学习，逃避人际交往，致使身体疲惫，没有精力参加其他有益的活动，那就是有害的了。我国著名性学家吴阶平教授对自慰曾有十分科学的见解。他说:“不以好奇去开始，不以发生而烦恼，已成为习惯要有克服的决心，克服之后就不再担心。”

（二）摆正自慰的态度

如果难以摆脱自慰后的负罪感和自卑感，就说明自慰的确给自己造成了心理负担。既然对自己没有好处，为什么还要去做呢？那就应该逐渐减少自慰的次数，直至改掉自慰习惯。其办法是把注意力转移到学习或自己感兴趣的事情上去；促进求知欲，培养对科学知识的兴趣；积极参加集体活动，特别是有两性同在的活动。还应当自觉避免性刺激，睡觉前应避免看包含性内容的书刊或影视作品、网络信息，以免形成强烈的性欲望而忍不住自慰。

一般到20岁以后，随着人格的成熟，视野的扩大，自制能力的增强，自慰行为也会逐渐减少。

关于性取向迷茫

青春期少男少女，都有可能因为一些身边的事情或自身的行为习惯，表现出性取向不确定的状态。有专家认为，青春期是一个性取向比较模糊的时期。从模糊走向明确，是男孩女孩性别认同的自然过程。

例如，有个男孩并不是一开始就对男生感兴趣。他的迷茫首先来自对某个女生的失望，因为那个女生嫌他不够“男子汉”；其次是同学对他性取向的“干扰”，比如有人嘲笑他“女里女气”“娘娘腔”等；再次，他急于塑造自己的男子汉形象而又感到困难……当这些因素共同起作用的时候，他注意到了一个在自己看来是“真正男子汉”的男生，莫名其妙地就喜欢上了那个男生，因而怀疑自己是“同性恋”。他说：“我身上没有的东西他都有。”可见，他的性取向迷茫与周围环境影响、自身感受，以及改变行为的动机等有着密切的关系。

有的男孩崇拜英俊潇洒、健美强壮的男人，主要是认为自己外表缺乏阳刚之气，性格方面也比较柔弱。这实质上是心理幼稚的表现。一个男孩在强壮的同性面前，不应自卑，而应当知道，男人形象并非千篇一律。成长中的男孩不仅要注意外在的形象，更要重视充实强大的内心世界，树立男子汉的责任感和担当精神。

还有些女孩受到周围环境影响，走向了两种极端：一种是柔弱依赖型的娇小姐，一种是盛气凌人的“女汉子”。前者因为缺少安全感而选择“女汉子”做闺密，后者又乐得在娇小姐面前显示自己的强大勇猛。这样的闺密关系发展下去，久而久之，她们就可能对男孩失去兴趣。如果再受到家长或老师对异性同学交往不适当的限制或阻碍，那么，男孩女孩很可能会转而去亲近同性，形成所谓的“同性爱倾向”或“情境性同性恋”，扭曲了青春期性取向。

所以，青春期的少男少女应当勇于与异性同学交往，坦荡自如，克服犹豫和惧怕心理。至于与同性建立朋友甚至“闺密”关系，也是很正常的行为，不要轻易给自己或他人贴上“同性恋”

标签。

同学们应当接受科学的理念，并学会独立思考，坦然大方地与同性及异性同学交往，既不要随意给自己贴标签，也不要对别人乱加猜疑。欣然接纳自己，并尊重别人，是现代社会对人性和道德的基本要求。

第4章

少男少女多交往 青春友情很宝贵

少男少女在“性感情”的驱动下，渴望与异性交往。比如一起聊天、散步，参加兴趣小组活动、生日派对，外出郊游，唱歌跳舞，看电影，参观展览，逛公园，等等，都是合乎情理的异性交往行为。或许，其中不乏暗恋、单相思、自作多情等幼稚而单纯的某种“情结”，但是这种交往多半与谈恋爱无关，与“搞对象”风马牛不相及。由于家长和老师总爱用“早恋”一词去界定青春期的异性交往，反而把事情复杂化，给孩子造成了许多麻烦和困扰。

异性同学交往的四大功能

其实，青春期的孩子或异性朋友交往，承担着这一时期成长与成熟的重要任务，有着不可取代的积极功能。具体说来有以下四大功能。

一、愉悦身心，促进健康

进入青春期的孩子学习任务逐渐繁重，压力自然也越来越大，这会使他们渴望和珍惜跟同龄伙伴在一起开心玩耍的时光。那为什么同龄的异性伙伴之间最好玩？因为青春期的少男少女体内释放着不同的性激素，注定使他们成为不同的性别磁场，女孩和男孩在一起必然会发生阴阳互吸的“磁场反应”。磁场反应中生成了一种正能量，我们姑且称之为“情愫”吧。正是这种特殊能量给少男少女内心带来的滋养，使他们在一起的游乐活动更富有情趣。成年人趣谈“男女搭配，干活不累”，也是这个道理。世界上许多高雅的文体活动都是为男女共同参加而设计的，如交谊舞、花样滑冰、男女声二重唱等，多么和谐、美好、高雅。

孩子们选择有异性共同参加的文体活动，既是需要，也是权利。承受着青春期性压力的少男少女，需要正大光明、体面、从容地与异性同学交往，建立异性友情，以减轻性压力，放松神经。

让我们来读一段有趣的故事吧！

那时，我正读初中三年级，我们几个志同道合的同学在课外成立了一个名叫“黄土地”的诗社。诗社里共有七个成员，六男一女，因而那位女孩就显得特别珍贵。虽然她谈不上漂亮，却温柔，善解人意。

那年冬天，我们心血来潮，每半个月就出一次墙报。北方的冬天，滴水成冰，我们这几个大男孩都不知道该怎样御寒，而这位女孩却总能变戏法似的给我们拿出许多精巧而又实用的小东西。比如一条毛茸茸的围巾，绕在脖子上倍觉温暖，再比如一对小护耳，往耳朵上一挂，就把严寒挡在外面了。

最难忘的是她那双棉手套，又大又厚，用一根红线拴住，挂在脖子上。要干活时，她就把手从手套里抽出来，没事时又把手伸进去，看着特别舒适温暖。有一次，轮到我出墙报，她把捏在手里的手套往我面前一送。我很感动地朝她笑了笑，伸手接过手套就往室外走，走了几步，又返回去，因为我在手套里摸出两块糖。我把糖掏出来，递给她："你把糖忘在里边了。"她并没有伸手来接，只是嫣然一笑，低声说："那是给你的。"

我一下子感觉自己幸福得像一片云，有些飘飘然了。我由这两块糖想到了许多，越想越甜蜜，墙报自然越办越精彩。

十多年之后，当年诗社的六个哥们儿有幸聚在一起，举杯叙旧。我醉眼蒙眬地讲述着当年手套里摸出糖来的“情事”，大家瞪大眼睛看着我，异口同声地说：“原来你也得到过？”而后大家你望着我，我望着你，不由得大笑起来。原来大家人人都有份。

现在，那位女孩早已为人妻了，不过，丈夫不是我们六个人中的任何一个。

即使到现在想起来，那个时代，那个年龄，那种情怀，那种介于友情和爱情之间的感受，那种纯情女孩的心迹，以及胆怯而又微妙的表达，仍是那么令人留恋和温馨！

还有另外一个故事，是一个儿子写给妈妈的一封信。

妈妈，我想有些事情是有必要跟您谈一谈的，但羞于出口，便写在这里了。我现在已经长大了，有能力去处理一些事情。虽然我们在观念上不完全一致，但这不重要，因为我知道您和爸爸很爱我，这就足够了。我对我们的亲情关系很珍惜，所以才会给您写这封信。

我不想欺骗你们，这样我会不安。您今天和我说起的那件事的确发生过，我是和一个女孩去了涵洞南边。我们只骑了一辆车子，由我带她。现在我告诉您去那儿的原因吧。前不久我发现了一个很宁静、景色很美的地方。那儿的农田平坦开阔、满眼葱绿，田埂上看不到那些形形色色的皮鞋印，那是个最脱俗的地方。兴奋之余，我想邀一个人一块儿去欣赏，于是不经意地问了她，她欣然答应，于是我们就一块儿去了。

我们在那儿没待多久，转了一圈就回来了。一路上，我们谈了很多，主要是关于高考之后上大学的事。她那天拿了一本选报志愿的书，就是后来给您和爸爸看的那本，所以从那儿回来后，我们去网上查了几所学校的网址。我们一起回家的时候确实比较晚，让您和爸爸担心了，我觉得有点儿内疚，所以一进门便向你们报以微笑，表示歉意。

没准儿您会认为我是在狡辩。告诉您吧，我和她没什么特别的关系，只是同学加朋友。我们互相并不很了解，我只是很欣赏她身上一些与众不同的东西。至于我和她一起去那儿，我没觉得有什么不妥。以前上初中，老师布置实践作业，是调查涵洞，我也是和女同学一起去的，如果那时有人告诉您，看见我和女生一起去，您是不是也会浮想联翩呢？

现在，我长大了。您和爸爸都四十多岁了，你们的老同学来看你们，你们在一起开一些很洒脱的玩笑，不是也没觉得有什么不妥当的吗？

今天您问起那件事时，请原谅我对您动怒了，因为我觉得十分委屈和没面子。至于她是谁，我还是暂时不告诉你们吧，因为我对你们还是缺乏完全的信任。尽管你们很爱我，但你们完全信任我吗？请你们原谅，我没有欺骗你们，就当这是我保留的一点儿个人隐私吧。

我很爱你们，真的，尽管羞于说出口。

这就是青春期少男少女的青春体验和需要被家长理解的纯真友情啊！

二、了解异性、认识自己，为日后择偶成婚做准备

青少年时期，男女同学的交往既没有谈婚论嫁的动机，也不应承受“搞对象”的压力，男孩女孩们应坦然、从容地走进异性世界，去见识异性朋友的千姿百态，去发现同辈异性之间的各种差异，体察到哪类异性与自己比较“投合”，容易接近。

如果说这种交往中的比较和鉴别与未来恋爱择偶有什么关系的话，那就是为今后的恋爱择偶进行早期“训练”。一个人不能等到

考试了再读书，而是应先读书，再考试，恋爱、择偶、结婚，是人生路上最重要也是最困难的“考试”内容之一。同学们总有一天要去谈恋爱，并且最终要和一个异性建立长久的伴侣关系。

那么，今后建立与维护伴侣关系的知识、智慧、能力、技巧什么时候学习和训练呢？“情窦初开”的青春花季就是一个训练时机。

现在有些大学生，他们在中学时代“寒窗苦读”，到了大学则疯狂恋爱，不负责任，任性随意地“合则留，不合则散”，由此造成了多少身心伤害？更有些青年男女，不曾有过男女交往，就贸然与了解不深的异性成婚，把婚姻当成了练习册，轻率结婚又轻率离婚，此类闪婚闪离、游戏人生的荒唐故事屡见不鲜。

因此，我们希望同学们坦然面对青春期的异性交往，既不用过分紧张，又要注意把握分寸，相互尊重，不可做伤害对方、冒险的事。

绝大多数人长大后都要为人夫、为人妻，都要为人父母，这也许是世界上最为困难和复杂的职业。就像同学们将来要去求职谋生和做专业人士一样，需要尽早学习知识和技能。所以，青春期适当的异性交往是很有必要的。

我们再听听下面这对母女的故事，或许同学们会深有感触吧。

高三那年，我和一个男生走得很近，我们一起上学，一起回家，周末相约自习、逛街。也许是那种高考压力下的孤独，使我们彼此产生了信赖，觉得有一个人陪伴就有勇气走下去。

后来，每一次模拟考后我们都去爬山，在山顶谈论着遥不可及的未来和理想，空荡荡的山谷间回响着我们的声音。我们不觉得这样有何不妥，因为我们只是亲密地并肩作战，谁也不会对谁许诺什么“秋后的果实”，那时我们还不懂爱情。

随着时间的推移，班里不可避免地传出了关于我们的一些谣言。有的说我们恋爱，有的说我们思想开放，不少同学都酸溜溜地看着我们。很快，我们的交往被班主任知道了，她立即召开了家长会。

我一直以为，我是那种可以让老师放心的“好学生”，想必她了解我做事情的分寸；何况在高考大战即将来临的紧张日子里，她不会在父母那里给我压力吧？

然而，那天家长会结束后，妈妈还是被单独留下来谈话了。我远远地看见她和班主任在走廊上“密谈”，神情严肃，令我的心一阵发紧。我知道，我最害怕的误会终于发生了，而我对此又是百口莫辩、束手无策。

一种深深的无助和迷惘在我的内心蔓延，我仿佛陷入泥沼，拼命挣扎却越陷越深。我是一个需要被信赖、肯定的女孩，如果失去这些支持，我会变得软弱无力。

睡觉前洗漱时，我小心翼翼地避开妈妈。可是妈妈还是在我要进房间的那一刻叫住了我：“小青！”我回过头，冷冷地看着她，我尽量使自己不露一点儿情绪，装作若无其事的样子。妈妈呆呆地看着我，竟然说不出话来。这是我第一次看到妈妈的窘迫，我知道她很为难。

“今天你们的班主任向家长讲了一些……一些你们这个关键阶段要注意的事情……”妈妈不连贯地解释着，艰难而犹豫，“她好像说，现在你们年级中有……有男女同学走得太近的情况，影响不大好……你……我想知道你有没有……”

我别过头，不看她，说：“怎么可能，我学习冲刺都来不及，谁有心思去干那个？”妈妈仿佛舒了口气，说：“那就好，早点睡吧，我还一直担心来着。”

她进屋安顿我上床，帮我掖好被子，关上灯，说明天按时叫我起床。我独自躺在黑漆漆的房间里，脑子里依然很乱。妈妈似乎并不知道我真实的情况，否则就没有必要问我。那么，就是班主任没有告诉她？我心情平静了许多，觉得一切又变得乐观起来，闭上眼睛沉沉睡去。

几天后的一个周末下午，妈妈在我身旁织着

毛衣，不经意间对我说：“你说好笑不好笑，我居然听人说看到你和一个男生在逛街。我想他们一定是看走眼了吧？”妈妈说着眼睛盯住我，一动不动，我知道她在等我的回答。我镇定地握住手中的笔，好让手不至于颤抖。

“是吗？怎么可能！什么男生？”我突然想到表弟，于是编了一个善意的谎言，“噢，说不定是那次跟表弟去肯德基。你知道表弟人高马大，他站在我身边被误以为是我的男朋友了吧？他上次还真说要冒充一次我的男朋友呢……”我不慌不忙地讲着，总觉得这个谎话不大高明，心里有些发虚。

“啊，原来是这样，这倒很有可能。”我知道妈妈一眼就看穿了我在说谎，可是她仍然点着头表示相信。我感激地看着她，明白她实际上是在告诉我，班主任已经向她说明了一切，但是她不打算追究这件事，因为她信任我，不想让我难堪。

我们母女心照不宣地保守着这个秘密，互相都不说出来，但永远都很理解彼此的心意。我知道，妈妈对女儿的保护除了探听信息以外，还有另外一种方式，那就是缄口不语，表示绝对信任我处事的智慧。我的自尊心和权利感得到了很好的保护，我暗暗对自己说：我永远不可以辜负母亲的信赖！

后来我上了大学，和那个男生在两个不同的城市。我们开始还偶尔发微信，但随着时间的推移，后来逐渐失去了联系。似乎那个时期一过，彼此的吸引力便消失了，各自又开始了新的生活。

我非常感激妈妈对我和那位男生正当交往的宽容态度。正是她的宽容与信赖激励了我，使我能够轻松地与那位男生交往，获得了宝贵的异性友情。妈妈那双清澈的眸子中沉淀着许许多多的秘密，其中最令我感动的就是那件几乎影响到我整个人生的事。

妈妈，我特别思念您那清澈的眸子。虽然我现在不能经常在您身边，可是在我心里，您那深沉的母爱永远是我成长的动力。在每一个沮丧或孤独的时刻，我仿佛都能听到您坚定而温柔的声音。

我赞扬母爱，我感激母亲。

同学们，从这个故事中，你悟出了什么呢？

三、消除不良情绪，维护心理健康

少男少女在成长过程中会出现各种各样的心理困扰，比如不悦纳自己的外貌、学习压力大、人际关系紧张、父母关系不和睦、老师偏心、被误解，等等。

烦恼中的青少年，就像掉入一个泥坑，必然痛苦挣扎。此时他们多么需要一条“救命绳”将自己拉出泥坑。那谁来提供这条“救命绳”呢？首先当然是父母。然而，如今的很多父母都忙于自己的事业，很难走进孩子的内心，无法理解他们在泥坑中挣扎的困境。有的家长甚至认为，既然把孩子交给了学校，就应该由学校负责心理疏导。可是学校只有一两个心理辅导老师，哪能及时帮助到每一个有心理需求的孩子呢？一名班主任要负责管理几十个学生，哪能及时地发现每个同学的心理困境？

那除了父母，还有谁更适合充当“救命绳”来救助那些处于困境中的同学？答案就是同龄人，尤其是同龄人中的异性朋友或同学。为什么异性同学最能起到“救命绳”的作用呢？因为异性同学带着其性别磁场走近受助者，能设身处地地鼓励、关怀、劝慰对方，在异性互动的磁场反应中给予了处于困境的伙伴特有的“情愫”滋养。

当少男少女处于烦恼与困顿之中，异性的搭救往往是最及时而且有效的。这就是为什么烦恼中的青少年更渴望异性的友情。一位异性同学打开受困者的心扉，给予几句安抚的话语，不需要多么华丽的辞藻，但安抚来自同龄人之口，不会让人产生居高临下的感受；劝慰来自异性之情，便具有强烈的“磁力”。就这样，困境中的同伴如遇心灵之友，茅塞顿开，很快便脱离泥坑，让生活重新走上正轨。

不错，此时的男孩女孩颇显亲密无间，一方有成就感，一方心生感激。不过当烦恼者心境改变，忧愁消散，有些异性友情就会像完成使命一般，渐渐不再那么需要它了，不再持续。但这种异性救援确实发挥了积极作用，往往是家长和老师无法替代的。困境中的他（她），正是获得了救援，避免了从心理困惑发展为心理疾病，甚至可能避免一场意外事件呢。

让我们来看看下面这个感人的案例。

晓东和小燕上初中时在同一所普通中学就读，学习都很优秀。后来两人同时考进了一所重点高中的重点班。小燕被选为这个班的学习委员，晓东仍然是班里非常优秀的“学霸”。

然而，从高一年级下学期开始，因为晓东父母的婚姻出了问题，他的学习成绩迅速下滑，一年下来，晓东竟成了班里的“差生”。高二上学期的期末考试，六门功课他竟然有四门不及格。

寒假过后，返校的时间正好是2月14日。

放学后，晓东走进了礼品店，他转了一大圈，最后买了一张卡片。送给谁呢？想了半天，他决定送给小燕。卡片上有写好的祝福语，签个名字就可以送了，但是晓东很用心地在卡片的空白处写了两行字："想和你做朋友，但愿你不拒绝。"

趁小燕在车站等车的时候，晓东把卡片放在一个粉色信封里送到小燕手里。小燕上车打开一看，卡片很普通，但背后写着的两行字工工整整。小燕不知道该怎么回复他。

回到家，小燕犹豫了片刻，她决定把这张卡片给妈妈看看。小燕的妈妈在一所大学教心理学，她的很多事情都愿意和妈妈分享。

妈妈看完卡片，对小燕说："你不是跟他一起考进同一所学校的吗？他现在学习成绩一落千丈，你总是抱怨他给班级抹了黑，可你是学习委员呀，又是他的老同学，不觉得有责任去帮人家一把吗？再说，我看卡片上两行字没什么毛病呀，'想和你做朋友，但愿你不拒绝'，这不就是在向你求助吗？你为什么不可以去帮助他呢？”

听了妈妈这番鼓励，第二天，小燕回赠了晓东一张卡片。她在卡片的背面写下了几句鼓励的话：“我愿意成为你的朋友，从下学期开始，咱们一起努力吧，希望你能赶上班级的步伐。我相信，你一定能再现初中时代的那份辉煌，加油吧！”小燕把卡片放在一个蓝色信封里，来到晓东家，把卡片从门缝塞了进去。

第二天清晨，晓东发现了这个信封，拆开一看，竟然是小燕回赠他的卡片！背面那些鼓励他的温馨话语，令他非常感动，他没有想到小燕会搭理他。

感动之余，他给小燕写了一封长长的信，诉说着心中的苦恼：“从高一年级下学期开始，我的父母就闹矛盾了，他们总是在我面前争吵，使我无法安心学习。最后他们还是离婚了。爸爸每月要给我一些抚养费，我跟妈妈生活。没想到，不久后爸爸就像人间蒸发了一样不见了。下岗的妈妈无力承担我的学费、生活费，只好去求助爷爷奶奶。但是我知道，爷爷奶奶已经退休，他们的生活也不宽裕。我突然觉得自己变成了大人的包袱，被他们踢来踢去。我多么想自力更生啊！我做梦都想出去挣钱养活自己，可因为未成年没有人会录用我。我很痛苦，经常在夜里醒来。

“高二下学期考试前夕，又一件事让我的生活雪上加霜。有一天，我走在大街上，突然遇到曾经在初中跟我‘海誓山盟’的那个女生，她跟一个男生从我身边走过，连看都没有看我一眼。那一刻，我感觉自己连活下去的勇气都几乎要丧失了……”

瞧瞧，晓东正在生死之间徘徊啊，真危险！好在小燕的卡片给了他希望。他在给小燕那封信的末尾是这样表示的：“是的，我现在是班里最差的男生，对不起老师，对不起同学，也对不起你。但是请你相信，从下学期开始，为了你，我要成为班里最优秀的男生！”

小燕读了这封信后，内心非常同情和感动。她回家与妈妈分享了这份感动。妈妈看了信之后对小燕说：“你看，男女同学之间的友情帮助，原本可以是这样的。你只是答应帮助他，还没有付诸行动呢，仅仅是你那几句鼓励他的话，晓东便有了这样的感动、这样的决心。难道他不值得你去帮助吗？”

少男少女之间的友情帮助难能可贵，它带来的正能量，往往胜过家长的批评和老师的惩罚。

通过这个故事，希望同学们能够重新认识男生和女生的友情，放下误解和顾虑，以正确积极的态度来面对这份真挚的友谊。

四、提升智慧，促进自尊心与自信心的发展

青春期是智慧增长的高峰期。脑科学的研究告诉我们，男性和女性在智商上并无多大差异，只是在智力结构和发展方向上有所不

同。一般来讲，男性在逻辑思维、抽象记忆上有优势，地理方位感强；女性则擅长形象思维、机械记忆，女性的语言功能一般强于男性。男女各有优势，但也都有劣势。男女在一起学习，互相交流、切磋，有利于优势互补，克服性别带来的智力局限，均衡发展，为今后选择专业和职业创造更有利的条件。

青春期又是自尊心和自信心确立的关键期。很多孩子觉得最丢面子的事，是在自己喜欢的异性面前遭遇打击；反过来说，他们在心仪的异性面前总是努力“挣表现”，以获取好感，满足自尊心。男女同学之间的友情帮助与鼓励所增强的自尊心，所激发的正能量，其实可以成为促进彼此成长或改变消极状态的可贵动力。

一位男生这样谈到他的一段美好经历：

> 高中文理分班时，我选择了文科班。那个美丽、大方、聪明的女孩龚亚萍，就这样闯入了我的世界——自然得像风，安静得像云。
>
> 后来她告诉我，其实她开始特烦我。

我在数学课上解题奇快，老师刚出完题，我就扯着嗓子喊出了答案。她下课跑来指责我说：“就算你头脑灵活、反应敏捷，急于表现自己，那也要留出时间让别人思考，否则就是自私自利。”

那是开学第一天，语文课上，我又是一通名词佳句、连珠妙语，赢得了语文老师的赞许。她又“警告”我说：“就算你精通唐诗宋词元曲明清小说之类的，也要给别人留点表现的机会，否则就是狂妄自大。”

就这样，开学短短一周，我在女同学中已“恶名昭著”，其中，龚亚萍对我的指责最为激烈。

我知道，我遇到了“对手”。她的数学极好，英语极棒，脑子极灵。我们俩真可谓“冤家路窄”，各不相让。其实，在学习的竞争中，我们彼此欣赏，相互折服。我们经常在课间或晚自习时一起研讨问题，友情在无声的时光中萌动。

她在同学中人缘不错，既能团结女生，又能接纳男生。文科班男生少，所以踢球时经常有女生加入，小龚就是其中的一个。我还清楚地记得，她一脚直射直接射到了我脸上，弄得我眼前直冒金星。

第一学期，她未被评上三好学生。有一天晚自习后她约我聊天，刚开始时她表情凝重，一言不发。我劝她有话直说，想哭就别忍着。在空旷寂静的操场上，她面对着我无声地流下了眼泪。我安慰她说："你的实力无须用三好学生的称号来证明，不加分也能考上名牌大学，何必伤心？到时候咱们一块儿考上一所好大学。"

在那个宁静的夜晚，有一种特殊的感觉笼罩在我心头，很暖，很爽，很纯，很令人鼓舞。那是友情？爱情？我说不清楚。但我觉得那是一种可贵的朦胧之情。

在老师对"早恋"极为敏感的目光中，我与小龚终于成为班主任的"扫荡目标"。班主任大谈“早恋”对学习的危害，好似敲山震虎，最后竟将我们“隔离审查”。但我们对两人的关系心知肚明，坚信“身正不怕影子斜”。我们无须向谁解释什么，也无须躲避他人的猜疑。

我们根本不觉自己有什么异常。我们依旧是好朋友，相互安慰，相互鼓励，仅此而已。

最后终于使老师释然的是，我们除了彼此关爱，还一直保持着与其他同学的交往和友好的关系，因为友情是不排他的。一年多的相处，我们在相互鼓励中成长、进步，学习一路领先。

临近高考，我送了她一串风铃，蓝色的，我说那代表我永远的祝福；她送给我一支别致的钢笔，希望我考出优异的成绩。

高考成绩揭晓，她考上了中国人民大学，我被北京师范大学录取。无论今后我们走向何方，我们都永远珍惜和感激高中的那段相处时光，它给予了我们成长、成熟所需要的自信和鼓励，是我们人生的宝贵财富。

这就是我想告诉青年朋友们的关于青春友情的故事。

同学们，你们喜欢这个故事吗？其实，沉迷在美梦中的青春少年，只需要一句悄悄的提醒，便可提升智慧，悄然成长。

体验友情，求索爱情

青春期建立异性友情是极有意义的。一个人可能二十多岁都还未经历爱情，但一个二十多岁的成年人，在其青春期连异性的友情都不曾体验过，那该是多么遗憾的人生！青春友情是开放的、不保密的，不需要拉钩说“永远”，它可长可短，可远可近，无须承诺。青春友情可以在异性同学之间自由分享，“多个朋友多条路”嘛！

的确，直到今天，很多家长或老师面对孩子与异性之间的“友情链接”，总是不那么坦然，不是提心吊胆惧怕“早恋”，就是装聋作哑故意忽视。究其原因，除了对青春友情的性质陌生之外，多半还有对青春期异性交往的需求和特点缺乏了解。

少男少女在青春花季与异性的交往，作为对未来恋爱择偶的早期准备、尝试和练习，是一种特定的社交活动。

由于大众媒体展示的男女关系往往是成年男女之间的情爱或性爱，而媒体节目很少对少男少女之间那种纯洁的友情关系做出恰当的展示和解释，因此，有些青春期的同学在交异性朋友时，也仿照了成年男女交往的风格。他们说不清与异性交往是友情、爱情、心理需求，抑或仅仅是外貌的相互吸引，甚至是激素的作用，也很难准确地分辨自己与对方之间的关系究竟属于好感、喜欢、欣赏、同情、依赖等复杂感情中的哪一种，于是统统冠之以“我爱你”三个字，或者把流行歌曲中的哪一句唱词借来表达自己的某种情感。

其实，青春期异性之间的友情，有时候像雾像雨又像风，有时也像蓝天上那朵可爱的白云。同学们见过蓝天上的白云吗？清晨起来，看见蓝天上有一朵飘浮着的白云，它多么纯洁、美丽、令人欣喜；但是等到中午，清晨那朵白云已渺无踪影，它在阳光下游走，它在微风中飘去。青春期少男少女之情，真的就像蓝天上的白云，它美丽诱人，但无法久留在你眼前。

北方的同学们大概都经历过初春的雪天吧？一场春雪昨夜飘飘落下，清晨，地上已是白皑皑一片！朝阳之下，银装素裹，柔和而耀眼。你兴致勃勃地堆了个雪人，可是到了中午，太阳高照，气温上升，那片白雪渐渐化成了水，悄悄流走了。只见地上湿漉漉一片，雪人早已逃跑了！

同学们，青春之情就像春雪般纯洁和柔美，但也像雪人那样脆弱和短暂。青春期的异性友情虽然美好，却也多变。如果能这样理解，那么，当某位异性朋友离你而去时，你还会感到悲伤和怨恨吗？

同学们与异性交往并建立友情，既不必感到羞辱，也不必抱有遥远的期待，自然而然地接纳、欣赏和享受青春之情即可。这样，当友情发生变化、转移或结束之时，就不会令人过于沮丧或懊悔了。

下面这个青春故事，读来也很令人感动。

我和小强同住在一个小区，他是我从小的好伙伴，他稳重温顺、品学兼优。再加上我妈妈和他妈妈关系很好，我和他也算是两小无猜的好朋友。妈妈们还开过“娃娃亲”之类的玩笑呢！从小学到初三，我俩常在一起学习，亲如兄妹，我们获得的很多奖状和荣誉都是“互竞互助”的成果。

我们一起考上了全省知名的重点高中，因为都是住校生，我们之间的关照就更多了。只是有时目光或手臂有意无意地碰撞，使我们有了儿时未有的感觉：心慌意乱，躲躲闪闪。于是在有些同学并非恶意的玩笑中，令我们有点“此地无银三百两”了。后来我们的接触莫名其妙地减少了，两人的成绩也退出了前三名，我心里很不是滋味。

在学校，我们有几次想方设法才促成的“约会”，场面却有些别扭，气氛庄重而沉闷。见面时说几句言不由衷的话便仓皇分手。人多时不敢对视，心乱如麻。

真的好怀念从前那种两小无猜的坦然，真的不知道为何变成今天这种感觉。是继续前行还是就此止步呢？我有时真希望他明明白白地说出自己内心真实的想法，想搞清楚自己对他的感觉，究竟属于喜欢还是爱恋。

有一次，在我俩独处时，他终于说话了。

“小丹，我想知道……”

“说呀！我也想知道……”

“我怕你……不高兴……”

“说出来嘛！也许……”

“不管别人怎么说、怎么想，咱俩不是早恋……”

我吃惊地看着他，不禁泪如雨下……我终于起身拉住他的手，鼓起勇气宣告：“我和你想的一样！”

把憋了很久的心里话说出来后，我和小强从此释然了！

是的，一个身心健康的青少年，青春期应是伴有丰富的异性友情滋养而又不执着和专注于与某个异性同学的亲密关系，更不会陷入对某个异性同学的身心依赖。保持分寸，进退自如，这才是一种健康的成长状态。

有的老师或家长，对少男少女的正当交往能够理解并且给予长辈的关怀和正确的指导，这种方法让同学们欣然接受。

下面我们来读一封老师写给高考前夕的学生的信吧。

亲爱的 ××× 同学：

老师知道，处在人生花季的你，希望获得异性同学的喜欢，也会暗暗喜欢一个甚至多个优秀的异性同学。这是很正常的心理需求。但老师想对你说，你可以喜欢王滨的可爱，但请不要轻言爱上王滨，你可以喜欢周晓的古灵精怪，但请不要以为你真的爱上了古灵精怪的周晓。你可以喜欢异性身上人淡如菊或热情似火的美好品质，但请你不要确定那人淡如菊或热情似火的某个异性就是你的爱人。在这些喜欢中，你会不断修正、完善你未来寻找人生伴侣的标准，但请不要误以为今天的喜欢一定会成为明天的爱情。

请珍惜给你发生日贺卡的那位女生吧，她向你表示了衷心的祝福，但婉拒了你不够理智的爱情表白，因为她懂得珍惜友情，尊重自己也尊重你。之所以说你那次的“爱情表白”不够理智，是因为爱情就像一棵小树，它的成长需要阳光、雨露、肥沃的土壤和精心的呵护，而这些，身为中学生的你暂时还承担不起。爱情的基础不是怦然心动，不是心血来潮，而是成熟冷静、成长的历练与成熟后收获的硕果。

如果你是一个有明确目标的男生，不用我说你也知道，在高考之前这一年，你的时间和精力应该投资到哪里。就算你已经有十足的把握考入心仪的大学，但是你能确保你的爱情表达与苦苦追求不会影响到对方的考前准备吗？你能确保你现在乃至将来可以给她的就是她想要的人生吗？

不理智的“爱情”，偶尔就像强心剂，会让

两个人短暂地兴奋一时，但因为情绪的不稳定、心智的不成熟，就只能是昙花一现。我还清楚地记得，有些同学当年曾经像对全世界宣战一般的感情斗志，却在各自奔赴大学后就灰飞烟灭了。

在14年的教学生涯、10年的班主任经历中，我看到过太多学生的遗憾。

爱情，对于中学生来说，就像是一件太过昂贵的奢侈品，你给不起，也享用不起。如果你的目标是考入一所理想的大学，那么我告诉你，大学会带你走上比较明晰的人生之路，看得到的是未来的职业取向，看不到的是文化熏陶、价值观引领、人生轨迹的奠基。

其实，很多同学的人生际遇就是从大学开始发生分野的。想想你的初中、小学同学，一定有你奋力追赶也很难追上的人，也一定有拼尽全力也追不上你的人。大学，可能将这种差距变成人生根本的差别。

那么，就请你珍惜当下的时间和精力，作为

班长，在和那位女同学保持正常友情的同时，团结和鼓励更多的男女同学，共同向高考这场竞赛冲刺。当你如愿以偿地进入大学校园并潜下心来做学问时，你再回头审视你现在喜欢的她和被她喜欢的你，感觉你的心情和现在一样吗？如果那时，你们双方都能会心地说出“我爱你”，那么，老师将由衷地祝福你们。

同学们，这位老师的忠告，你们认为有道理吗？

让我们来读一篇关于中学生求索爱情的故事吧！

那天，我给高一学生上完了一堂关于爱情的讨论课。当我走到学校门口，听见有个男生在背后小声叫我，我回头看到，他后边还跟着一个女生。男生的名字叫吴刚，女生叫小静。我领着他们走到校外一个安静的小茶馆。刚坐下，吴刚就迫不及待地告诉我：“老师，我真的很爱她！”

我问他："能告诉老师你爱她哪些优点吗？"他说："初中的时候我们在一所学校，有一次举行英语朗诵比赛，小静代表初中部参加了比赛。她在台上的表现非常棒，她的发音听起来就像广播员一样，她的表演也很生动。从那天开始，我就暗恋上她了。有一阵，我总在学校门口徘徊，我其实是在等她，如果某一天我终于在校门口等到了小静，那么我一整天都觉得神清气爽。"

我问他："后来呢？"他说："我们好像很有缘分，后来就都考到了这所学校，又分到了同一个班。我发现她不仅英语好，语文也不错，语文老师经常把她的作文作为范文读给大家听，生活老师也经常表扬她，说她善良，爱帮助同学。"

我转过头来问小静："你也喜欢吴刚吧？"她回答说："初中的时候我不认识他，到了高中我对他还有点反感呢，因为他比较傲气。"

我问："那你怎么和他走到一起的呢？"她说："有一次班主任宣布一个特大喜讯，说我们班有一个男生在奥数比赛中获得了全区第一名。这时候我才对他刮目相看。我觉得高中数学很难，他怎么还能在奥数比赛中获得第一名呢？后来又有一次，我在学校大门口看到一张大红喜报，上面写着17所学校的篮球联赛，我们学校得了第一名，篮球队长居然是他，我就对他有了好感。”

有一次小静过生日，她邀请了吴刚的哥们儿去参加生日派对，偏偏没请吴刚。吴刚托他哥们儿带了一张生日贺卡给小静，勇敢地在上面写了“那四个字”。但小静很久都没有回复他。后来吴刚过生日，主动邀请了小静。我问：“这时小静回复你了吧？”吴刚说：“她可狡猾啦！她在生日贺卡上写的是：我也有点喜欢你，但是你很骄傲，如果你不改变，就请远离我吧！”

从此吴刚经常去问他的哥们儿：“你们觉得我骄傲吗？”他还去问过班主任。班主任说吴刚确实有点骄傲，但现在改变很大呢。吴刚心想：老师哪里知道我为什么要改啊！

看看他们，既相互喜欢，又能提醒对方的缺点，这就是为什么说，青春期的少男少女，他们的喜欢、好感甚至眷恋，会产生一种积极的力量，去促进双方成长。

我接着问："老师想知道，你们现在就算是谈恋爱了吧？"吴刚回答说："老师，那就算是吧！"我说："我看到很多中学生谈恋爱，形影不离，有时一起逃课，甚至在公共场所举止亲密。你们也会这样吗？"这时小静抬起头来说："老师，不是这样的！其实我们在一起经常讨论功课，原来我的数理化不太好，我想高二的时候就选文科班吧，可是吴刚鼓励我选理科班，他正在给我恶补数理化呢。"吴刚还告诉我，他们决定将来报考国内最好的理工科大学。

听了他们这样的诉说，我说："老师祝福你们，爱情的力量就应该是这样的。但是我也想告诉你们，据我所知，就算是大学生谈恋爱，也有三种可能的结果：第一种是幸福地结合，第二种是友好地分手或者痛苦地分手，第三种是'有情人难成眷属’，古今中外都有这样的故事。因此，希望你们‘一颗红心，多种准备’吧！”吴刚马上就站起来坚定地表示：“老师，我们就一种准备，我们一定要走到一起！”

我再次祝福了他们。最后他们站起来向我告别，临别前小静对我说：“老师，我知道你们大人就是怕我们谈恋爱‘出事儿’呗。但是请您放心，我们已经向父母保证过了，我们绝不会‘出事儿’。为了不分开，我们保证绝不‘出事儿’！”

这就是少男少女在求索爱情过程中产生的积极作用。我不敢说他们将来一定能够走到一起，因为爱情的路还很长，但是他们用爱的力量来激发彼此上进，来鼓励双方朝着更高的目标努力，那就值得祝福。就算他们最终没有走到一起，这段经历也是他们在青春期情感之旅上留下的一笔宝贵的心理财富吧！

初恋情结，为何令人刻骨铭心

有位母亲曾这样问心理咨询师："我女儿好不容易熬过那个失恋的黑夜，但至今仍不觉白昼的光明。她睡梦中都在呼唤那个男孩的名字，而其他男孩她都不屑搭理。您说她是不是得了痴迷症？"

少男少女的"初恋"，大多来自生理上的早熟。当精神和理性觉醒之后，他们才意识到当初的爱是那样肤浅、幼稚。加之彼此的缺点得以暴露，或无力解决某些矛盾，很难相互接纳，等等，这让当初那种生理欲望也随之平息，心理上日渐疏远，分手就几乎成了必然。

仔细观察少男少女们的初恋，大多难以长久。"来得容易去得快”，是不成熟的爱情的共同特征。

尽管如此，初恋的感觉仍旧令人回味无穷甚至刻骨铭心。为什么呢？也许因为这是一种“未能完成”“未获成功”的事件，所以更使人难以忘怀。这就是所谓的“契可尼效应”。

西方心理学家契可尼做了许多有趣的试验，他发现一般人对已完成了的、已有结果的事情极易忘怀，而对中断了的、未完成的、未达目标的事情却总是记忆犹新。

未有结果的初恋中那些美好时光和景象，大多深深地印入恋人的脑海，使他们在一生中都难以忘却。这种心理现象，可以举出许多例子。

例如，你在数学考试中要答 100 道题，其中 99 道题都完成得很好，只有一道题把你难住了，没完成，未得出答案。下课铃响了，你交卷后走出考场，和同学们对答案，那 99 道题都有正确的结果，而未完成的那一道题，同学告诉了你答案。从此以后，那未完成的一道题被你深刻而长久地记住了，而那 99 道题却被你抛到九霄云外。今后再考试时，若出现当初你未完成的那一道题，你就再也不会做错，因为它被你牢牢地刻在脑海中了。

这样解释初恋的记忆，就很容易明白其中的奥秘了。

作为进入青春期的少男少女，已经有必要并且能够学习一些心理学常识了。如果明白了上面那个心理学理论，当你陷入初恋的激情时，就要提醒自己，青春之恋往往是难以完成、没有结果的。当发现你的同学陷入失恋痛苦时，你便也可以对其进行科学的劝告，让其明白，初恋之所以令人刻骨铭心，正是源于初恋的未完成性。而对这种刻骨铭心的记忆反复追寻，就可能导致痴迷。特别是在失恋初期，失恋者在暂时尚无别的朋友或兴趣来转移其注意力时，最容易在孤独感、寂寞感的伴随下反复去咀嚼当初恋爱的滋味，回忆逝去的感情，从而加剧痛苦，达到难以自拔的程度。

如今的少男少女很聪明，求知欲强，接收的信息很多。尤其是那些深陷失恋痛苦的人，往往是思虑过度者，头脑简单的孩子是不会有长久而强烈的痛苦的。

因此，面对这类多愁善感的少男少女，家人和朋友不能简单粗心地对待，而是要用关爱的态度和科学的语言与孩子促膝谈心，使他们最终做到通情达理，才能真正解开心里的疙瘩，重新振作起来，以乐观的态度去面对新的生活，迎接新的挑战。这样，他们就不会在第一次失恋的痛苦中停滞不前，甚至自暴自弃，而是从初恋与失恋的经历中学习到成长的知识、心理调适的技巧，从而健康地走向成年。

有一位母亲，这样回忆她的初恋并点拨她的女儿：

五月，槐花如雪，阵阵幽香，甜得让人心醉。细碎的槐花随风起舞，飘忽不定；风儿吹过，纷纷扬扬，落下遍地槐雪……每逢此时，我心里总会有些感触，尽管我早已过了伤春悲秋的年龄。想不清，那飘落的槐雪代表的是什么，直到有一天我才明白——那如雪花般纷纷飘落的槐花，不正是我少女时代的梦吗！

树下斑驳的石凳30年前还很新。30年前，我只有14岁，喜欢在槐花盛开的时节穿一身淡紫，然后安安静静地坐在这里。那时我一直以为，淡淡的紫色很神秘也很出众，而且紫色的衣服和雪白的槐花很相称。我是在等一个人——胡同里的美华，那是我长到14岁，第一个动心的男孩。他高大英俊，动作矫健，至少当年我是这样评价他的。

并不是每次从家里偷偷溜出来都能看到他，等得心烦时我会在胡同里慢慢溜达。那时候，最渴望的场景是：我正好走到他家的门前，那扇黑色的木门“吱扭”一声打开，我可以近距离地看清美华灿烂的脸庞。如今我已不记得从始至终和他说过几句话，在我的记忆里，只要能够看见他，我就会高兴好几天；若是和他说上一句话，我一个星期都会兴奋不已。

槐花盛开的时候，美华喜欢上树摘花，扔下来给树下所有的孩子们。可我一直认为，他是为了我才摘花的，他丢给我的那串才是最好的。吮吸花心，咀嚼花瓣，我确信是因为有了美华，槐花才有了清香与甜美。

听说美华家要搬走了，那几天我的眼睛一直哭得又红又肿，害怕从此不能相见……用“魂牵梦绕”形容那时的我或许有些过分，但我确实已被他迷得眼里没有别的男生了……

花开花落，转眼30年过去了。女儿长到14岁，现在正是她在做少女梦的时候。一张小小的纸条惹得她心神不宁。她藏藏掖掖、吞吞吐吐，最终还是把心事告诉了我——一位小酷哥让她寝食难安。

沐浴在花香里，我和女儿坐在斑驳的石凳上，头上是一团团、一簇簇盛开的槐花，身边是一片片、一堆堆飘落的槐花雪。我给女儿讲起自己当年的故事。

“中学毕业以后我们各奔东西……”就在此时，离我们不远处，那扇多年前我盼望打开的黑色木门“吱扭”一声打开了，走出来的正是已届中年的美华，女儿近距离看清了当年我迷恋的他。

“啊！老妈，不会吧，您怎么就这般眼光呀！”

是啊，变化太大了，他当年的英气荡然无存。他的生活发生了什么变化我不知道，但我真的庆幸，自己不曾对他表白过什么。

我摘下女儿发丝上的槐花，轻轻地问她："很想拥有一份爱情，是吗？"女儿点点头，再点点头，眼睛里却有一丝茫然。我接着说："少女的情感体验确实非常美好，但幻想的成分太多，理智的选择太少，一旦操之过急，受伤害的往往是自己。校园里爱情是有的，但那最多是一粒种子，是种子就要等待阳光和雨露。一切，让它顺其自然吧……"

五月的槐花永远那么美、那么香，在这槐花飘雪时，我想对女儿也对和她同龄的孩子们说——爱情是有的，但它属于明天。你想拥有吗？如果想拥有，就请珍惜今天。

同学们，这位妈妈的心声，你们听懂了吗？

世界上不曾有人说得出友情和爱情的界限。各个国家都有关于结婚年龄的法律规定，却没有判定爱情年龄的标准。每个人的成熟早晚不同，机遇不同，遇见爱情的年龄也不可能相同。从古至今，既有"青梅竹马"之恋，又有青壮年的热恋，还有夕阳黄昏之恋，不管什么样的爱情都很美好。

不过，和友情相比，爱情是更加成熟和稳定的异性情感，它具有专一性和排他性，不可与第三者分享。爱情一般是以终身结合为归宿的，因此，爱情需要不断地投入时间、精力、智慧乃至经济资源。青春期正是爱情资本的积累期，是爱情之路的探索期，是投入爱情之前的准备期。少男少女必须积极建立、扩大青春友情并珍惜友情。

爱情是美好的，它应该成为激发双方进取向上的力量。两个相爱的人，一定是彼此珍惜、相互鼓励，能够一起追求更高的人生境界。双方会因为受到爱情的激励而变得更优秀、更完美，更值得被对方爱。如果是这样的爱情，无论萌发在什么年龄，都值得祝福。

然而，如果两人宣布相爱，但其表现却是浑浑噩噩、不思进取，甚至逃学旷课，做出伤害自己和对方的事情，那只能证明他们之间的爱情不过是相互利用或只为满足自己的虚荣心而已。“我爱你”变成了“我害你”！这种所谓的“爱情”，是对爱情的亵渎。

青少年由于缺乏教导和指引，做出亵渎爱情的荒唐事，这样的例子不胜枚举。面对某同学对你说“我爱你”时，你也不用怀疑爱情本身的价值，而是要看对方以什么行动来证明爱情和兑现爱的承诺。“听其言，观其行，促其进”，就是同学们面对青春之爱应有的态度。

下面这篇《岁月书签》，道出了多少少男少女的青春感悟，值得一读。

有一天，小雪发现自己喜欢上了年轻的语文老师。这个发现把她自己都吓了一跳。但是，这种“喜欢”就像春天树上茁壮成长的芽苞，一旦冒出来就遏制不住地伸展腿脚。小雪喜欢语文老师，似乎也没有多少值得解释的理由。就是喜欢他总穿着干净的衬衫，喜欢他讲课时那么专注与投入的神情，喜欢他从来不拿讲稿侃侃而谈的风度，等等。

小雪在本子上一遍又一遍地写着语文老师的名字。她怕同桌发现，就只好先写很多其他人的名字，把语文老师的名字排在最不引人注目的地方。小雪觉得心里有种涩涩的苦，于是她把自己的感觉写了下来，竟写成了一首诗。天哪，小雪从来没有想到自己还会写诗！

小雪决定去向语文老师借书。她曾发现，很多言情小说的主人公都是这么做的。语文老师微笑着问：“你要借什么书？”小雪这才发现自己还没想好借什么书呢！她很窘，急忙说“我借《唐诗三百首》”。语文老师给了她书，用炯炯有神的眼睛凝视着她。小雪觉得自己被老师看透了，但这并没有妨碍她的执着。

小雪回到家，把自己写的那首诗制作成一个漂亮的书签，夹在书里，把它变成了“唐诗第三百零一首”。小雪把书还给了语文老师，然后开始了焦急的等待。他会看见吗？他看到会怎么想？脸上会是什么表情？明天见到我时一定有故事发生……

可惜第二天并没有发生小雪想象中那种惊心动魄的故事。老师和平常一样，落落大方地走进教室。

小雪一连几天无法入眠。最后，她终于鼓起勇气，敲响了老师办公室的门。“那首诗您看到了吗？”小雪悄声问道。“看到了，写得不错，那个作者很有才气。”老师淡淡地回答。小雪不知道再说什么好。很多言情小说的男女主人公都是不用语言就彼此心灵相通的，怎么到她这儿就不灵了呢？小雪实在忍不住了，说：“那首诗就是我写的呀！”“是吗？”语文老师带着并不吃惊的神情说，“那你以后在这方面可以多下点功夫，不过别耽误了正常的学习。”此时此刻，小雪的眼泪几乎要涌出来了。

就这样，小雪开始一本一本地向老师借书，一张一张地制作精美的书签夹在书里还给老师。书签上长长短短地涂满了她的心事。那些心事，或弯曲如山间的小溪，一路唱着叮咚的歌；或忧伤如午夜的昙花，只为遥远的星光绽放；或朦胧如清晨的薄雾，载着飘不动的心事；或迷离如秋天的流光，时而了无痕迹，时而浓情蜜意。

忽然间，小雪发现语文老师恋爱了，对象是

一个很不起眼的女老师。小雪觉得语文老师在此时恋爱，分明是宣告她的末日已经到来。小雪对老师万分不满：那个女人有我年轻貌美吗？像我这样才华横溢吗？老师凭什么爱上她？

失望与愤怒的小雪，暗暗同那位女老师较劲。她开始把所有心思放在学习上。她要做最出色的女人，要让老师为他自己毫无远见的选择后悔！于是，小雪变成了一个既优秀又高傲的"公主"。

高中毕业，她考上了一所重点大学。她终于如愿以偿！小雪离开小城到了那所大学。她发现世界突然变大了：宽敞明亮的图书馆，知识渊博的教授，国内外专家学者的讲演，周末的音乐会，节假日的集体郊游……

小雪发现，原来外面的世界太精彩了！她兴奋地投入到火热的大学生活之中。

大二时，小雪恋爱了。他是中文系的一个男生，他会用英语唱《卡萨布兰卡》，令小雪无比陶醉。小雪有时也会想起语文老师，觉得很奇怪，当时自己怎么就那般眼光呢？幸好，他没喜欢上她，如今这一切都成了久远的记忆。

四年的大学生活很快结束了，她留在那个大城市工作。再后来，她结婚了，丈夫当然不是语文老师，也不是会唱《卡萨布兰卡》的那个男生。小雪再次纳闷儿：我怎么会喜欢那个男生呢？他不就是会唱《卡萨布兰卡》吗？

一次同学聚会，大家偶尔聊起语文老师。她从同学口中得知，老师已经离婚。同学们都奇怪：那么优秀的语文老师怎么会看上那位和他不般配的女老师呢？小雪心中“咯噔”一下，以前心中隐隐的妒怨变成了同情，她暗暗为自己当初的鲁莽而有点愧疚。

小雪终于明白，每个人的成长都要经历一些荒唐。内心五味杂陈的小雪，决定在自己的日记本上，写出年轻时的那段故事，题为《岁月书签》。

同学们，小雪的经历给了你们怎样的启示呢？

下面是一位老师写的“少男少女课堂”教学笔记。同学们读后有什么感想呢？

长久以来，关于爱情的积极意义和宝贵价值缺乏宣教。一方面，这使很多家长和老师把青少年纯洁美好的情谊探索当作洪水猛兽；另一方面，又使某些青少年把“我爱你”三个字当成了儿戏。

如今，越来越多的人开始关注青春期孩子的身心健康，让我们共同帮助少男少女学习正确的爱情观和婚恋观吧。

第 5 章

守护生命安全健康
严防毒品艾滋病

青春期是长身体、长知识、长智慧和提高意志力的关键期，但也是身心、人格容易受损毁的时期。因此，青少年要特别严格地要求自己，小心谨慎地保护自己、同学、朋友和家人，安全健康地迎接成年的洗礼。

拒绝烟酒，远离毒品

如今，毒品已成为危害人类最严重的社会问题之一。尤其令人忧虑的是，吸烟、饮酒甚至吸毒者的年龄越来越小，因滥用烟酒、毒品而毁掉健康乃至生命的青少年人数与日俱增。

一、关于毒品

根据《中华人民共和国刑法》第 357 条的规定，毒品“是指鸦片、海洛因、甲基苯丙胺（冰毒）、吗啡、大麻、可卡因以及国家规定管制的其他能够使人形成瘾癖的麻醉药品和精神药品”。

据调查，在青少年中最容易中招的是一种叫“摇头丸”的毒品。它是一种苯丙胺类毒品（MDMA），属冰毒衍生物。由摇头丸衍生而来的，还有隐蔽性更强的摇头水等。

有些人误以为摇头丸没有海洛因、可卡因等的毒性，但所有的危险就隐藏在误区的背后。如果连续滥用摇头丸 1 ～ 2 周，服用者就会出现身体乏力、记忆减退、睡眠障碍甚至精神错乱等症状，还会产生视力障碍，不少人还出现咬牙、磨牙、出汗、恶心、头昏、走路或持物不稳、心动过速等症状。

目前我国吸毒者中 80%左右是青年和少年。青少年要对毒品有警觉戒备的意识，面对诱惑，坚决抵制。

二、滥用毒品的代价

（一）毁灭生命

毒品可谓“人间恶魔”，它使吸食者快速上瘾，强烈依赖。它的毒性能一点点地将人吞噬，直至生命被毁灭。每一个吸毒者的家庭，都将伴随着永远无法逃离的灾难。

吸毒者绝大多数都难以戒除，吸毒量日益增大，可导致呼吸系统功能衰竭而死亡；还有的是因吸毒破坏血液循环系统，导致“细菌性心内膜炎”，出现全身性化脓而死亡；或者导致消化系统疾病、中枢神经系统疾病以及感染艾滋病病毒等，最终使人走向死亡。

（二）扭曲人格

长期吸毒会导致人格畸形，道德沦丧。由于毒品成为“瘾君子”们难以控制的需求，他们把绝大部分的心思和时间都用在获取和消费毒品上，为此而变得孤独、自卑、自私、冷漠、丧失责任心、自暴自弃、爱撒谎、厚颜无耻、六亲不认甚至抢劫行凶。

（三）摧毁家庭

一人吸毒，全家遭殃。吸毒是持续性的高消费行为，因此会使家庭财力耗尽，甚至债台高筑。据统计，成年吸毒者中50%以上导致家庭破产，至于遗弃老人和妻儿、发生家庭暴力者，更不鲜见。家人为吸毒者反复戒毒而不能脱瘾感到痛心疾首、精神崩溃。这些都严重影响了全家人的生活、工作与健康。

（四）危害社会

据调查，80%的吸毒者都有违法犯罪行为。许多大案要案，如抢劫银行、入室谋财害命等，都与吸毒者急需获取毒资有关。为了打击毒贩和强制吸毒者戒毒，每年政府都要投入大量的人力、物力、财力，对国家、社会、家庭、个人都造成巨大危害。

让我们一起看看这位濒临死亡的吸毒青年给父亲的一封信吧！

一个垂死的19岁青年痛苦地躺在医院的病床上。他无助地望着四周，恐惧感占据了他的心灵。他把胳膊伸向旁边的小桌子，从抽屉里掏出纸和笔，艰难地给父亲写了一封信：

爸爸：

我非常后悔。我不久将死去，这一点我十分清楚……我接触杀害我的刽子手——毒品，是在我15岁那年。初次让我接触毒品的人衣冠楚楚、谈吐自如。起初，我试图拒绝，但那个人对我说，我是男子汉，没有必要害怕。于是，我走进了万丈深渊的毒品世界。起初，我感觉很舒服，接着我便以此来消磨时光。随后，我对一切都淡漠起来。再后来，我离开毒品就什么也干不下去了，我渐渐感觉窒息、恐惧，并产生了幻觉。我真的病得很严重了，才被朋友送进医院。

爸爸，我才19岁，但我再也支撑不下去了。对我来说，一切为时已晚。现在，我对您只有最后一个请求——请把我的事告诉我的伙伴们和其他青少年。您就对他们说，无论在什么地方，总有人试图残害他们的生命，那就是毒品贩子。

爸爸，求您替我做这件事吧，不要让他们像我一样后悔莫及。

请饶恕我吧，我的糊涂给您带来了今天的痛苦。

永别了，爸爸！

三、青少年滥用毒品的原因

（一）好奇

近年来，在某些青少年业余时间经常出入的场所，频频出现毒品的诱惑。某些好奇心强、自制力弱的青少年便会禁不住去尝试。只要好奇地吸上第一口，就难以自拔了。调查显示，70% 以上的青少年初试毒品，都是在好奇心驱使下的行为。

（二）轻信、受骗

有些毒贩子将毒品包装为保健品，鼓吹其如何健身、提神、益智等，许多青少年遇到这类陌生“推销员”，不向家人和老师问个究竟，就轻信了谎言，贪图人家“白送”的第一口，然后就一发而不可收。

（三）精神空虚

少数不求进取、缺乏生活情趣、不与他人沟通的青少年，在孤独与空虚中度日如年，便到处寻求“刺激”。一旦沾上毒品，开始时感到兴奋，接着就陷入了毒坑，越吸越空虚，最终走上绝路。

毒贩子用什么伎俩向青少年推销毒品呢？他们经常谎称“让你永远开心无烦恼”，其实是一日吸毒，永远迷毒。

有人利用青少年手头钱少、贪图便宜的特点，免费让你尝试，甚至一次两次地“便宜”你，勾你上瘾之后就会高价去买。

有人打着“治病”的幌子，把毒品作为“偏方”推荐给你，实则让你失去免疫力，导致大病缠身。

还有人利用少女爱美之心，谎称“摇头丸可减肥”。然而一旦上瘾，便会食欲减退，面容憔悴，骨瘦如柴，当生命之火熄灭，还谈什么“美”？

构筑拒绝毒品的心理防线，应做到“四要”：一要知道什么是毒品；二要知道吸毒极易成瘾，难以戒除；三要知道毒品的危害；四要知道吸毒、贩毒是违法犯罪行为，会受到法律制裁。

四、青少年要远离烟酒

未成年人禁止吸烟、饮酒。烟和酒中含有某些有害物质，如香烟中的尼古丁和酒中的乙醇均是毒素，具有刺激和麻醉神经的作用，容易使人成癖上瘾，造成人体免疫功能下降而染上各种疾病。

吸烟导致神经系统、呼吸系统、消化系统出现的种种疾病，早已被世界各国的医学临床案例所证明。吸烟者易患肺癌是典型的后果。

饮酒会造成酒精依赖，严重者脾气暴躁，精神萎靡不振，甚至丧失工作能力；更严重者导致营养不良、消瘦、乏力、肝硬化、食道静脉曲张等，这都是引发重疾和死亡的原因。

吸烟饮酒对青少年的危害尤其严重。青少年正处在生长发育期，身体的各个系统尚未发育成熟，对刺激的反应十分敏感，烟酒中的有毒物质更易被吸收，对心、肺、肝脏功能的损害更大。

由于青少年对烟酒的危害缺乏认识，自控能力不强，觉得尝试烟酒好玩，又不太贵，还能显示“派头”等，因此很容易染上吸烟饮酒的不良习惯。

总之，毒品和烟酒是危害人类健康和生命的大敌。据医学统计，吸毒者短则 2 年，长则 8 ～ 10 年就会死亡。年轻时就吸毒的人，一般寿命不会超过 40 岁。因此，请珍爱生命，远离毒品。

洁身自爱，严防性病

有一类疾病，是由性行为或不良的生活方式以及不注意卫生习惯而传播的，它们被统称为性传播疾病。

目前被列入性传播疾病的病种已达几十种。性传播疾病对人的健康威胁很大，它们不仅传染性很强，而且会引起各种并发症乃至威胁到生命，有的还会遗传给下一代。

一、常见的性传播疾病

（一）淋病

淋病（Gonorrhea）是淋菌引起的以泌尿生殖系统化脓性感染为主要表现的性传播疾病，是一种古老而又常见的性病。近年来发病率居我国性传播疾病首位。

淋病有 2 ～ 10 天潜伏期。男性感染一周后，80% 会出现阴茎排出白色脓状分泌物，逐渐成为棕色脓液，并有尿急、尿频、尿痛等症状，还会引发阴茎头发炎，继而波及包皮，使尿道口红肿。女性感染后有外阴红肿、排尿灼痛、尿频、阴道有脓性或血性分泌物流出等现象，10% ～ 20% 的女性伴有盆腔炎、继发不育或宫外孕等妇科疾病。

淋病的主要传播途径是性行为直接传染，也有少数通过分泌物、内衣、被褥、浴巾等间接传染。另外，潜伏期患者也具有传染性。

（二）梅毒

梅毒（syphilis），俗称杨梅疮、花柳病，是由梅毒螺旋体引起的慢性传染病。梅毒是艾滋病出现之前最令人生畏的一种性传播疾病，也是一种很难对付的疾病，与肺结核、麻风并列为世界三大慢性传染病。

早期梅毒主要侵染皮肤和黏膜，晚期可扩及人体的许多脏器，特别容易损害心脏和中枢神经系统，使患者变成残废或导致精神错乱。

性接触是梅毒的主要传播途径，约占95%。患有梅毒的孕妇会通过胎盘传染给胎儿，导致流产、早产、死胎或分娩胎传梅毒儿。此外，输入患者的血及接触患者穿过的衣服、用过的器具等也可能被传染。

（三）尖锐湿疣

该病主要通过性行为传染，通常症状不明显，少数患者可在病情发展到一定程度时表现为外生殖器官或肛门周围出现典型的疣状丘疹，进而发生糜烂、渗液，触及时易出血，有恶臭，局部有瘙痒，排尿时有灼热感、疼痛感或出血，等等。尖锐湿疣若不及时治疗，还可能导致癌变。

二、艾滋病——生命的杀手

艾滋病，又称获得性免疫缺陷综合征（AIDS）。艾滋病是由人类免疫缺陷病毒（HIV）引起的。艾滋病病毒可以存活在人的各种体液中，它攻击人的免疫系统，直至完全摧毁人体的免疫功能，进而导致患者出现发热、腹泻、结核、异常感染及恶性肿瘤等病症，最终造成患者死亡。

首例艾滋病是1981年在美国发现的。根据联合国艾滋病规划署2023年发布的报告显示，2022年全球有3900万艾滋病感染者。自艾滋病病毒传播以来，全球感染该病毒的人数已经达到8000万以上，其中死亡人数超过了三分之一。我国1985年发现首例艾滋病，目前实际感染者估计已达百万。

艾滋病是一种病死率极高的传染病，目前还没有可治愈的特效药物，只有几种可减轻病痛、增强免疫力和延缓死亡的药物，但费用十分昂贵。至今还没有哪个国家研制出艾滋病疫苗，所以艾滋病还在全球范围内不断传播。迄今为止，预防艾滋病这一杀手的最好办法就是采取安全性行为。

艾滋病的传播渠道主要有三条：性接触传播、血液传播、母婴传播。与艾滋病人日常的接触，如握手、共同用餐、一起工作或学习等，一般是不易感染艾滋病的。

与性行为有关的艾滋病，是完全可以严防感染的。为了提高公众对艾滋病危害的认识，更有效地唤醒人们采取措施预防艾滋病的传播和蔓延，世界卫生组织于 1988 年将每年的 12 月 1 日定为世界艾滋病日，号召世界各国和国际组织在这一天举办各种活动，宣传和普及预防艾滋病的知识。

提高警惕，谨防性侵害

一、性侵害的类型

青春期的少男少女都要注意防范性侵害。性侵害主要有性骚扰和强奸两种。

（一）性骚扰

性骚扰是指通过不受欢迎或不被接受的方式，引起别人对性的注意，或进行带有性含义的接触。它可以是对身体的侵犯，也可以是语言上的挑逗；它可能是男性对女性的，也可能是女性对男性的，甚至还可能是同性之间的。

莎莎有个表哥，他星期天趁莎莎独自在家的机会来串门儿。他陪莎莎坐在沙发上看了一会儿电视，就开始动手动脚，还对莎莎说些下流话。莎莎吓得跑回自己房间把门关起来。不久，爸爸妈妈回来了，莎莎不敢告诉他们刚才发生的事，但心里一直害怕再见到表哥。

其实，莎莎遇到的事情就是“性骚扰”，它是一种侵犯行为，损害了莎莎的心理健康。

（二）强奸

强奸是指利用引诱、威胁、暴力等手段，在对方拒绝和反抗的情况下强行发生性关系。强奸是一种严重性侵害行为，它会使受侵犯者的身体与心理受到双重伤害，并且是触犯刑法的犯罪行为。

男孩也会遭遇性侵害，最容易受性侵害的是青少年。因此男孩也应增强安全意识，学会保护自己。

二、怎样预防性侵害

性侵害会对未成年人造成严重伤害，被侵害者应当机智地与侵害者作斗争，保护自己的人身安全。

（一）提高警惕性

实施性侵害的，既可能是陌生的坏人，也可能是亲属、朋友甚至老师中的好色之徒。所以要时刻注意与你单独接触的长者，尤其是异性，观察其是否有不正常的言行举止。不要随意单独接受某人邀请，去你不熟悉的地方，严厉拒绝对方动手动脚的行为，严斥对方的下流言语。

（二）注意外出安全

出门在外，不要随便招手搭陌生人的便车。晚上最好不要单独乘出租车。外出时，要征求父母同意，一定要告诉父母到哪里去，何时回来，最好有大人陪同。

（三）注意个人行为

穿着打扮要与年龄及身份相符，不穿过于裸露的衣服和奇装异服。未经父母许可，不要在同学和朋友家过夜。不与任何人开不雅的玩笑，不说脏话。不访问色情网站，不接触淫秽信息。

（四）不随意泄露家庭隐私

不要随便把自己家的电话、地址、父母的工作单位或电话等属于个人或家庭隐私的信息告诉陌生人，以免招惹麻烦。

如果受到性侵害，应竭力采取自救行动。例如，大声呵斥侵犯者，或向周围人求助；寻机报警，捉拿坏人；在无人可求的情况下，要机智地与对方周旋，以达到脱身的目的。

如果不幸遭遇性侵害，一定要知道，遭遇性侵害不是自己的错，不必自责自卑。要及时告诉父母或可信赖的老师；情况严重的要报告当地公安部门。要知道，我们有权保护自己的尊严和健康，如果默默容忍就是对坏人的放纵。

初二学生孙薇放学需乘公交车回家。她在不同的时间，多次经历过同样的遭遇——性骚扰。她说，有一次，车内并不是特别拥挤，但有一名男子故意和她靠得很近，用身体紧贴着她的身体。幸亏当时旁边一位年纪较长的叔叔看到后对那人说：“瞧，后面地方大着呢，你挤人家小女孩干什么呀？”那人只得怏怏地离开。但如果没有别人的帮助，孙薇是不敢声张的，只会设法躲开。“因为怕报复，所以不敢骂他。”孙薇说。

其实，不管是男孩还是女孩，在公共场所遇到性骚扰，都应大声呵斥或报警，让骚扰者受到公共道德的震慑甚至治安部门的惩罚。这样做一来可以保护自己的安全，二来可以防止骚扰者继续侵害他人。

抵制色情垃圾，识破网络陷阱

一、慎用互联网

现在已经进入信息时代，网络发达，给每个人提供了人际交流和信息沟通的便捷途径。互联网已成为孩子课外学习的便利工具，还是很多孩子离不开的娱乐方式之一，并且对未来生活与事业也非常有帮助。

但是网络是把双刃剑，关键看你如何利用，下面我们先看看几位同学在网络上的不同经历吧。

案例 1：从初一开始，豆豆每个周末都会用 2 ～ 3 小时浏览一些网站，从而补充在学校难以获得的知识，从宇宙天文到文学艺术。他发现自上网以来，自己的作文水平和英语成绩都有所提高，阅读能力也增强了，还在网上找到了两个外地的朋友，讨论彼此感兴趣的话题，感到天涯逢知己，内心很充实。

这是一个正确使用互联网的例子，我们接着看下一个案例。

案例 2：明明一年前学会了上网，便天天在网上漫游，什么都看，还在许多“聊天室”里窜来窜去。渐渐地，他对上网着迷上瘾了，连功课也顾不上做，甚至为了上网很晚都不睡觉。一年下来，明明的学习成绩大退步，身体显得虚弱，食欲缺乏，眼睛的近视程度也加深了不少。经过父母和老师的帮助，明明终于醒悟过来，对过去一年的行为感到很后悔。最近，他向爸爸妈妈保证，每天做完功课就睡觉，只在周末上网。很快，明明的身体恢复了强壮，数学成绩还名列前茅。最重要的是，他和父母、老师的关系改善令他十分愉快。

这是一个迷途知返的孩子，我们再看下一个案例。

案例 3：欣欣小小年纪就迷上了网聊。初二那年暑假，她在网聊中认识了一位叫“风雨无阻”的男士。从照片上看，这位男士英俊潇洒，每天都要给欣欣发来几条信息，说爱她、想她，已无法忍受异地相思之苦，求她飞到遥远的海南岛，在椰子树下相会。欣欣激动万分，幻想着椰树下、海滩上情侣的浪漫之约。欣欣鬼使神差地从家里取了 3000 元钱，真的飞去海南了。

当一个中年男人在机场出口认出了欣欣，将她一把搂住，欣欣这时才知道自己上了当！多亏机场执勤巡警发现了他们的异常，在巡警的帮助下，欣欣才得以逃脱，但所带的钱物已被“风雨无阻”骗走。经历了这场“劫难”后，欣欣终于尝到了“网络陷阱”的苦头。因为心中那挥之不去的惧怕，她甚至扔掉了手机。多么令人后怕啊！

二、沉迷网络游戏的危害

适度地浏览网络信息对青少年是有好处的，然而，沉溺于网络世界特别是网络游戏则会产生极大的危害。归纳起来，沉迷网络游戏有以下几大危害。

（一）导致心理和躯体疾病

自制力不强的青少年对网络游戏极易上瘾，欲罢不能。这些孩子最初只是心理上的依赖，渴望上网，而后可发展为身体上的依赖，表现出情绪低落、头昏眼花、双手颤抖、疲乏无力、食欲缺乏等症状，这就是我们常听说的"网络成瘾症"。

很多人玩网络游戏一般都要花上几小时，有的人甚至连续玩上十几小时。长时间上网会引起自主神经紊乱，体内激素水平失衡，还可使免疫功能降低，甚至引发心脑血管疾病、紧张性头疼、焦虑、忧郁等，最严重的后果可导致死亡。

另外，由于玩游戏时全神贯注，身体始终处于一种姿态，眼睛长时间注视屏幕，会导致视力下降、眼睛疼痛、畏光，适应能力降低，脖子酸痛，等等。专家警告说，长时间上网还会影响青少年的大脑发育。

（二）荒废学业

沉溺于网络游戏容易造成学习成绩下降。这一点，作为学生应该很清楚，不用多说。

初中三年级的小伟，原本是个品学兼优的好学生，但自从迷恋上网络游戏，成绩一落千丈。一边是父母想让他上重点中学的期望，一边是网络游戏的诱惑，让小伟一直处在矛盾中。小伟觉得父母对他的期望太高，影响他玩网络游戏。在一次争吵中，小伟竟然动手把母亲打伤了。

希望大家以小伟为戒，不要因为沉迷网络游戏而耽误学业，影响家庭关系。

（三）破坏家庭关系

把父母辛辛苦苦挣的钱用在玩网络游戏上，本身就是一件很不理智、很不道德的事，更不要说因为上网而与父母的关系恶化，严重地破坏了骨肉之情。

（四）诱发各种社会问题

近年来，不断有大、中学生进行网贷被骗或欠巨资的悲剧发生，其中不乏受网络游戏高额消费的坑害。

另外，长期沉迷网络游戏还会引发青少年暴力问题。据公安部统计，当今诱发青少年暴力犯罪的祸首之一就是不健康的网络游戏。

如今，网络游戏、网聊、网上不良信息、网恋等是导致青少年迷恋上网的主要因素。如果不能及时进行正确的疏导，形成网瘾的青少年不仅会出现成绩下滑、厌学等情况，还会逐渐出现心理健康问题，产生孤独、恐惧、反叛等心理，严重的可能出现极端行为，后果不堪设想。

目前，尚无特别有效的戒除网瘾的办法，只能依靠学校、家庭对青少年多加教育与关怀、监督和劝告，媒体也应多多进行青少年健康使用网络的宣传报道。此外，我国有关部门对很多国内外的网络游戏软件已加强审查，开始打击不良商贩毒害青少年的非法交易行为，并且严禁对未成年人发放网络贷款。

结束语

作为孩子们的老师和朋友，我们认真地在书中说出了对青春期少男少女的理解、接纳和期盼，也说出了我们的劝告和提醒。

我们衷心祝贺孩子们健康成长，祝福孩子们青春美丽。书中讲解了很多青春期知识，也许可以帮助孩子们在消除性困惑、保护性安全与性健康的同时，充分体悟异性之间的珍贵情谊，并且学习爱的智慧与能力，从而驱散心中的迷雾，拨开头顶的疑云。

我们选用“青苹果”作为此书的标志，是因为青苹果象征清纯与美丽、健康成长与生命活力。但是，青苹果也意味着稚嫩与脆弱、风险与危机。因此，孩子们需要勇气和意志力去抵抗成长的风险，练就成熟的本领。

但愿这本书能成为家长和老师们的良师益友，能够帮助孩子们快乐而自信地度过人生的春天。